吴小如 著

吴小如 讲《孟子》

天津出版传媒集团

天津古籍出版社

图书在版编目（CIP）数据

吴小如讲《孟子》/ 吴小如著. — 天津：天津古籍出版社，2007.09（2023.09重印）
ISBN 978-7-80696-454-5

Ⅰ.①吴… Ⅱ.①吴… Ⅲ.①儒家②孟子—研究 Ⅳ.①B222.55

中国版本图书馆CIP数据核字（2007）第134872号

吴小如讲《孟子》
WUXIAORU JIANG 《MENGZI》

吴小如 / 著

出　　版	天津古籍出版社
出版人	张　玮
地　　址	天津市和平区西康路35号康岳大厦
邮政编码	300051
邮购电话	（022）23517902

选题策划	赵　娜
责任编辑	王宇英
封面设计	鞠佳美

印　　刷	天津新华印务有限公司
经　　销	全国新华书店
开　　本	880毫米×1230毫米　1/32
印　　张	7.75
字　　数	150千字
版次印次	2007年9月第1版　2023年9月第4次印刷
定　　价	49.00元

版权所有　侵权必究
图书如出现印装质量问题，请致电联系调换（022-23517902）

自 序

吴小如

这本小书实是即兴之作。因此要谈一下缘起。

近些年来,久被淡忘的"国学"一词忽地"热"了起来,不止一位青年朋友曾以此垂询:什么是"国学"?为了找答案,我也多少浏览了一些时贤论著,发现不少专家学者并不以此为然,认为这个概念大而无当,不宜提倡。追根溯源,"国学"之名盖始于晚清,是对"西学"而言的。其实它的内涵并不出清人治学的范畴,即义理、考据、辞章三者不可偏废之论是也。义理之学大概近于哲学思想;考据则以文字、声韵、训诂、目录、版本、校勘之学为主要内容;而辞章之学,则基本上指古典文学作品,当然也包括以古典文学为讨论内容的文论、诗话、词话、曲话之类。用旧的说法,国学研究对象不外经、史、子、集四大部类;用"五四"以后的说法,则研究中国古代文、史、哲三大门类的学问皆可属之。此外别无深文奥义。我这种说法,未免又是老生常谈,说了等于不说;但"国学"一词,原本就是旧有的,不管你再怎么说,也说不出新鲜花样来。它既对"西学"而言,当然是土生土长的东西;而东渐之"西学",总归是十九世纪末才对我国传统学术产生影响的学问,当然应属于"新的学问"。然则所谓"国学",除了区别于"西学"之外,还含有"旧学"的意思,即章太炎以下诸贤所谓的"国故"。不过清末民初以来不少学者大都留过学,远者到过欧美,最近的也到过日本,所以他们的治学方法毕竟沾了若干"洋"气,因之研究成果亦不同于清代未出国门一步的学者。代表人物如严复、梁启超、王国维、陈寅恪、胡适等人,他们的著作终有别于乾、嘉、道、咸以来的戴震、段玉裁、王念孙、孙诒让诸家的学术模式。此盖时代转变、社会发展导致,学术风气使然,是不以个人意志为转移的。然而值得注意的是,凡今天被称为"国学大师"的,倒是王国维、陈寅恪以及胡适等人,而清代不少有成就的朴学家,反未被戴上这样的桂冠。可见,"国学大师"也者,乃指在新时代研究"旧学"的某些代表人物了。

说到这里,我倒想替自古以来直到清代的一大批所谓朴学家说几句话。"五四"以来的新派人物动辄说治"旧学"的人"不科学",而他们从西方学来的治学方法才是"科学"的。这话不免有失偏颇。如胡适一方面表彰清儒发现一个字的正确讲法不啻天文学家从宇宙间发现一颗新星,一方面又自诩他本人的考证学问才是真正"科学"的,好像历史上的多少名著、多少学人都不懂科学方法。其实照我这读书不多、一知半解的人的认识,只要站得住脚、未被历史长河所淘汰的古今传统名家名著,不论从思想内容还是从看问题的视角来观察,都或多或少符合或包含着辩证法。《周易》《道德经》《孙子兵法》等书不必说了,即先秦诸子与历代有眼光有远见的史学著作,如"前四史"和《资治通鉴》等,亦莫不如是。我认为,辩证法的发展乃是与人类社会发展同步的,我们不能轻易说古人不懂科学,更不能说他们的著作中没有辩证法。如果较真,以胡适本人的言论和著作为例,不科学的地方所在多有。只就他说中国文言文是死文字这一点而言,就是很不科学的。这话说远了,姑不详论。

既然今天社会上"国学"又"热"了起来,于是随之出现了另一问题,那就是提倡"读经",多数人且认为应当"从孩子抓起"。这一点我却不敢苟同。理由至少有三点：一、所谓"经",一般指儒家经典,但"五经""四书"对接受九年义务教育的中小学生来说实在不容易读懂。如果一定要读,师资首先就不易解决。因为现在中小学教师本身读过"五经""四书"的就不多,以己之昏昏而欲使人昭昭,实在是一件危险的事。二、用今天的眼光看,我国传统古籍可奉为经典者实不仅限于儒家的"五经""四书",有人就提倡读《老》《庄》,还有人认为《史》《汉》亦属于传统经典。朱自清先生的《经典常谈》所谈就不限于"五经""四书"。从数量上讲,今天所谓的"经典"的内容要比儒家的"五经""四书"增加了不知多少,中小学生实在吞咽不下。三、所谓读懂读不懂,要解决的问题是必须克服语言文字上的障碍。而我们的文化人(远不止中小学生)对古汉语知识的理解和掌握,不客气地说,基本上已处于"断裂"状态。要说读经,恐怕先得补习一些有关古汉语(即所谓"文言文")方面的文化课。仅这一点就是成年人也会吃不消,何况初中以下的孩子!

于是一些文化普及性的举措乃应运而生,如中央电视台创办的《百家讲坛》便是非常受欢迎的一个专栏节目。主讲者还把讲稿形诸文字,印成书籍,即使没有直接听过讲述的人也可以从书本上读到所讲的内容。当然,这种普及文化的效果有利有弊,因之舆论的反应也是毁誉参半。有些人不甘寂寞,虽未上电视台,也把他在讲坛上讲过的讲稿整理出来,印成书籍。为了吸引眼球,还给这类书起上一个哗众取宠的名字。比如有人把李白说成唐朝"第一古惑仔",并把李白形容得简直不堪入目,就是一个十分荒唐的事例。这种浮躁的文风学风确是值得人们关注的一种带有不良倾向的危险现象。也许我这人太不够"前卫",跟不上"后现代"步伐,但我以为,善意的忠告总应该是"言者无罪"的。

总之,我并非无条件地反对或否定读经,相反,我倒认为,应该在成年人、文化人,特别是作为人民公仆并居于领导地位的中上层官员这样的群体中提倡"读经"。因为这些年来,在亲身接触到以至于看到、听到的成年人,特别是文化人和官员们中间,我曾做过一番调查,发现大多数人是既不读马恩之经,更不读孔孟之经的。因此,与其提倡让中小学生读经,还不如先号召孩子们的祖父母辈、父母辈认真读一读马恩之经和孔孟之经,那可能对于建设祖国、改革开放和实现四个现代化更有好处。

基于这种动念,我乃想到自己在行将就"火"的衰朽之年也应该贡献一点爝火般的余热。从我的学历看,我勉强算得上一个曾经染指过"五经""四书"的人。正如启功先生的名言,我还是看到过"猪跑"的。我以为,在儒家经典中,《论语》虽然简短,却并不好理解;而且讲《论语》的人正在一天天多起来。而《孟子》,应该是儒家经典中在文字上障碍比较少的一本读物。于是我便重新阅读《孟子》,且边读边记下自己的点滴感受。这只是即兴发言,不敢吹嘘是什么"心得"。但要声明,这点滴感受是供成年读者参考的,并设想这些读者已经根据传世的各家注释和译本,如朱熹的《孟子集注》、焦循的《孟子正义》(其中包括了东汉赵岐的旧注)、近人姚永概的《孟子讲义》和杨伯峻的《孟子译注》等,基本上读懂了原文。因此我写得十分简单,尽量节省笔墨,而不去旁征博引。至于所见肤浅与纰缪之处,则诚恳地希望读者不吝批评指正。

二〇〇七年岁次丁亥立秋日动笔,三日后写完。

目 录

卷一　梁惠王上　　1

卷二　梁惠王下　　15

卷三　公孙丑上　　30

卷四　公孙丑下　　45

卷五　滕文公上　　58

卷六　滕文公下　　72

卷七　离娄上　　86

卷八　离娄下　　105

卷九	万章上	130
卷十	万章下	141
卷十一	告子上	153
卷十二	告子下	168
卷十三	尽心上	194
卷十四	尽心下	217
后　记		237
重印后记		238

卷一　梁惠王上

孟子见梁惠王。王曰:"叟,不远千里而来,亦将有以利吾国乎?"孟子对曰:"王何必曰利?亦有仁义而已矣。王曰:'何以利吾国?'大夫曰:'何以利吾家?'士庶人曰:'何以利吾身?'上下交征利,而国危矣。万乘之国,弑其君者,必千乘之家;千乘之国,弑其君者,必百乘之家。万取千焉,千取百焉,不为不多矣。苟为后义而先利,不夺不餍。未有仁而遗其亲者也,未有义而后其君者也。王亦曰仁义而已矣,何必曰利?"

此《孟子》开宗明义第一章也。古人注《孟子》者,汉有赵岐,宋有朱熹,清有焦循。参读此三家之言,大旨可明。然而自汉至清，释此章者皆首标"仁义"二字，盖仁与义乃孔孟一生着力处，其言固无误。唯史迁独具只眼，谓此章要害乃在利字。《史记·孟子荀卿列传》云："太史公曰：余读孟子书，至梁惠王问何以利吾国，未尝不废书而叹也。曰：嗟乎，利诚乱之始也。夫子罕言利者，常防其原也。故曰：放于利而行，多怨。自天子至于庶人，好利之弊，何以异哉！"此真一语破的矣。考之后世，凡言利以治国者，其后果往往化公为私；及上下交相争利，则受害者必为民，故民多怨。尤以"不夺不餍"四字为诛心之论。自古迄今，未闻贪污腐败、贿赂公行之徒有适可而止之时也。义利对举，仲尼已言之，所谓"君子喻于义，小人喻于利"是也。特言利之为害，不及孟子之言深刻耳。为政者可不慎欤！

孟子见梁惠王。王立于沼上，顾鸿雁麋鹿，曰："贤者亦乐此乎？"孟子对曰："贤者而后乐此，不贤者虽有此，不乐也。《诗》云：'经始灵台，经之营之，庶民攻之，不日成之。经始勿亟，庶民子来。王在灵囿，麀鹿攸伏，麀鹿濯濯，白鸟鹤鹤。王在灵沼，于牣鱼跃。'文王以民力为台为沼。而民欢乐之，谓其台曰灵台，谓其沼曰灵沼，乐其有麋鹿鱼鳖。古之人与民偕乐,故能乐也。《汤誓》曰:'时日害丧?予及女偕亡。'民欲与之偕亡,虽有台池鸟兽,岂能独乐哉?"

此章以大篇幅引《诗·大雅·灵台》以颂文王之能与民同乐,虽近于为梁惠王开脱,然要害乃在《汤誓》二语,正所谓要言不烦。

梁惠王曰:"寡人之于国也,尽心焉耳矣。河内凶,则移其民于河东,移其粟于河内。河东凶亦然。察邻国之政,无如寡人之用心者。邻国之民不加少,寡人之民不加多,何也?"孟子对曰:"王好战,请以战喻。填然鼓之,兵刃既接,弃甲曳兵而走。或百步而后止,或五十步而后止。以五十步笑百步,则何如?"曰:"不可,直不百步耳,是亦走也。"曰:"王如知此,则无望民之多于邻国也。不违农时,谷不可胜食也;数罟不入洿池,鱼鳖不可胜食也;斧斤以时入山林,材木不可胜用也。谷与鱼鳖不可胜食,材木不可胜用,是使民养生丧死无憾也。养生丧死无憾,王道之始也。五亩之宅,树之以桑,五十者可以衣帛矣;鸡豚狗彘之畜,无失其时,七十者可以食肉矣;百亩之田,勿夺其时,数口之家可以无饥矣;谨庠序之教,申之以孝悌之义,颁白者不负戴于道路矣。七十者衣帛食肉,黎民不饥不寒,然而不王者,未之有也。狗彘食人食而不知检,涂有饿莩而不知发;人死,则曰:'非我也,岁也。'是何异于刺人而杀之,曰:'非我也,兵也。'王无罪岁,斯天下之民至焉。"

梁惠王所言,乃移民就粟治标之策,故孟子以五十步笑百步讥之。孟子所陈"五亩之宅"一段,全书凡三见,可知此为孟子之理想社会。然战国时代,战乱频仍,民不聊生,井田制已废。孟子所设想,亦小国寡民自耕自保自救之权宜之计。自远虑言之,实不及商鞅之开阡陌重农兵,合于仲尼足食足兵之论,从而使秦一举而富强。然孟子已知重民生为立国之本,复申之以庠序之教、孝悌义,亦合于孔子既庶既富而后教之之道,犹管仲之仓廪实衣食足然后知礼节荣辱、四维不张国乃灭亡之名言谠论。仆因知此盖先秦诸子之共识也。然梁惠王之大病,乃在"狗彘食人食而不知检,涂有饿莩而不知发",故孟子直言斥之。下章所陈,其义益显。此战国诸侯之君通病,即秦一统后亦未能改,是以二世而亡也。

梁惠王曰:"寡人愿安承教。"孟子对曰:"杀人以梃与刃,有以异乎?"曰:"无以异也。""以刃与政,有以异乎?"曰:"无以异也。"曰:"庖有肥肉,厩有肥马,民有饥色,野有饿莩,此率兽而食人也。兽相食,且人恶之;为民父母,行政不免于率兽而食人,恶在其为民父母也?仲尼曰:'始作俑者,其无后乎!'为其象人而用之也。如之何其使斯民饥而死也?"

此承上章而言,体现孔孟虽以君为民之父母有宗法制度思想,然民本观念则昭昭然,故宜肯定。至以俑殉葬究在以生人殉葬之前抑之后,有待详考,而孔子之言,则为贬义无疑。近人不知其言出典,竟以始作俑为褒义语而举以称人,是期人将断子绝孙,真毫厘千里之失矣。

梁惠王曰:"晋国,天下莫强焉,叟之所知也。及寡人之身,东败于齐,长子死焉;西丧地于秦七百里;南辱于楚。寡人耻之,愿比死者一洒之,如之何则可?"孟子对曰:"地方百里而可以王。王如施仁政于民,省刑罚,薄税敛,深耕易耨。壮者以暇日修其孝悌忠信,入以事其父兄,出以事其长上,可使制梃以挞秦、楚之坚甲利兵矣。彼夺其民时,使不得耕耨以养其父母。父母冻饿,兄弟妻子离散。彼陷溺其民,王往而征之,夫谁与王敌?故曰:'仁者无敌。'王请勿疑!"

姚永概云:"此章乃孟子本色文字。"其言是也。然就其时代背景言之,或即世人以为其言迂阔而远于事情者非欤?战国秦、齐、楚三强鼎立,各逞其坚甲利兵;韩、魏、赵居乎其间,如专从行仁政着手,旷日持久,不待其政生效,国已亡矣。故仆以为孟子之言诚是,唯奈非其时何!若在大乱之后,如刘项争霸之余,汉高一统之际,即约法三章而天下可定。不俟孔孟仁义之道大行于世,亦可以称帝矣。此章有两字可说。"变"为"挼变"之本字,举火入室之意。作"叟"非是。又"洒"即古"洗"字。而洗本读为鲜上声,是别一义。今以洒为"灑"之简体,不知灑之古读亦西上声,今则读开口音矣。古今异读,不可不知。

孟子见梁襄王。出，语人曰："望之不似人君，就之而不见所畏焉。卒然问曰：'天下恶乎定？'吾对曰：'定于一。''孰能一之？'对曰：'不嗜杀人者能一之。''孰能与之？'对曰：'天下莫不与也。王知夫苗乎？七、八月之间旱，则苗槁矣。天油然作云，沛然下雨，则苗浡然兴之矣。其如是，孰能御之？今夫天下之人牧，未有不嗜杀人者也。如有不嗜杀人者，则天下之民皆引领而望之矣。诚如是也，民归之，由水之就下，沛然谁能御之？'"

赵岐注曰："孟子谓仁政为一也。"此解仆尝疑之。朱熹则解为"合于一"，语亦未明。盖自春秋至战国，王纲解纽，诸侯各自为政，宇内呈分崩离析之势。分久必合，人心思定，犹久旱思雨也。孟子所谓"定于一"者，已隐有大一统之意。观下文"天下莫不与也"之语，犹言天下莫不归附焉，非大一统之谓欤？惜问之者非其人耳。"引领"一词，始见于此章，犹言延颈也。近顷不知自何时起，释"引领"为引导领先之意，似近望文生义，殆成人不读古籍之过。时贤虽号召儿童读经，倘无师资以导夫先路，犹不免以讹传讹也。

齐宣王问曰:"齐桓、晋文之事可得闻乎?"孟子对曰:"仲尼之徒无道桓、文之事者,是以后世无传焉,臣未之闻也。无以,则王乎?"曰:"德何如,则可以王矣?"曰:"保民而王,莫之能御也。"曰:"若寡人者,可以保民乎哉?"曰:"可。"曰:"何由知吾可也?"曰:"臣闻之胡龁曰,王坐于堂上,有牵牛而过堂下者,王见之,曰:'牛何之?'对曰:'将以衅钟。'王曰:'舍之!吾不忍其觳觫,若无罪而就死地。'对曰:'然则废衅钟与?'曰:'何可废也?以羊易之!'——不识有诸?"曰:"有之。"曰:"是心足以王矣。百姓皆以王为爱也,臣固知王之不忍也。"王曰:"然。诚有百姓者。齐国虽褊小,吾何爱一牛?即不忍其觳觫,若无罪而就死地,故以羊易之也。"曰:"王无异于百姓之以王为爱也。以小易大,彼恶知之?王若隐其无罪而就死地,则牛羊何择焉?"王笑曰:"是诚何心哉?我非爱其财而易之以羊也。宜乎百姓之谓我爱也。"曰:"无伤也,是乃仁术也,见牛未见羊也。君子之于禽兽也,见其生,不忍见其死;闻其声,不忍食其肉。是以君子远庖厨也。"王说,曰:"《诗》云:'他人有心,予忖度之。'夫子之谓也。夫我乃行之,反而求之,不得吾心。夫子言之,于我心有戚戚焉。此心之所以合于王者,何也?"

曰:"有复于王者,曰:'吾力足以举百钧,而不足以举一羽;明足以察秋毫之末,而不见舆薪。'则王许之乎?"曰:"否。""今恩足以及禽兽,而功不至于百姓者,独何与?然则一羽之不举,为不用力焉;舆薪之不见,为不用明焉;百姓之不见保,为不用恩焉。故王之不王,不为也,非不能也。"曰:"不为者与不能者之形何以异?"曰:"挟太山以超北海,语人曰:'我不能。'是诚不能也。为长者折枝,语人曰:'我不能。'是不为也,非不能也。故王之不王,非挟太山以超北海之类也;王之不王,是折枝之类也。老吾老,以及人之老;幼吾幼,以及人之幼。天下可运于掌。《诗》云:'刑于寡妻,至于兄弟,以御于家邦。'言举斯心加诸彼而已。故推恩足以保四海,不推恩无以保妻子。古之人所以大过人者无他焉,善推其所为而已矣。今恩足以及禽兽,而功不至于百姓者,独何与?权,然后知轻重;度,然后知长短。物皆然,心为甚。王请度之!抑王兴甲兵,危士臣,构怨于诸侯,然后快于心与?"王曰:"否。吾何快于是?将以求吾所大欲也。"曰:"王之所大欲可得闻与?"王笑而不言。曰:"为肥甘不足于口与?轻暖不足于体与?抑为采色不足视于目与?声音不足听于耳与?便嬖不足使令于前与?王之诸臣皆足以供之,而王岂为是哉?"曰:"否。吾不为是也。"曰:"然则王之所大欲可知已。欲辟土地,朝秦、楚,莅中国而抚四夷也。以若所为求若所欲,犹缘木而求鱼也。"王曰:"若是其甚与?"曰:"殆有甚焉。缘木求鱼,虽不得鱼,无后灾。以若所为,求若所欲,尽心力而为之,后必有灾。"曰:"可得闻与?"曰:"邹人与楚人战,则王以为孰胜?"曰:"楚人胜。"曰:"然则小固不可以敌大,寡固不可以敌众,弱固不可以敌强。海内之地,方千里者九,齐集有其一。以一服八,何以异于邹敌楚哉?盖亦反其本矣。

今王发政施仁,使天下仕者皆欲立于王之朝,耕者皆欲耕于王之野,商贾皆欲藏于王之市,行旅皆欲出于王之涂,天下之欲疾其君者皆欲赴诉于王。其若是,孰能御之?"王曰:"吾惛,不能进于是矣。愿夫子辅吾志,明以教我。我虽不敏,请尝试之。"曰:"无恒产而有恒心者,惟士为能。若民,则无恒产,因无恒心。苟无恒心,放辟邪侈,无不为已。及陷于罪,然后从而刑之,是罔民也。焉有仁人在位,罔民而可为也?是故明君制民之产,必使仰足以事父母,俯足以畜妻子,乐岁终身饱,凶年免于死亡。然后驱而之善,故民之从之也轻。今也制民之产,仰不足以事父母,俯不足以畜妻子,乐岁终身苦,凶年不免于死亡。此惟救死而恐不赡,奚暇治礼义哉?王欲行之,则盍反其本矣。五亩之宅,树之以桑,五十者可以衣帛矣;鸡豚狗彘之畜,无失其时,七十者可以食肉矣;百亩之田,勿夺其时,八口之家可以无饥矣;谨庠序之教,申之以孝悌之义,颁白者不负戴于道路矣。老者衣帛食肉,黎民不饥不寒,然而不王者,未之有也。"

齐桓、晋文之事一章,是《孟子》一书长篇文字之一,故分段言之。齐宣王问齐桓、晋文之事,意在图霸于诸侯。然宣王之野心尚不止此,观下文"求吾所大欲"可知,所谓"辟土地,朝秦、楚,莅中国而抚四夷",实即大一统之野心。孟子既言"定于一",又谓宣王之野心为缘木求鱼,盖孟子之理想为施仁政行王道,然后为武王周公之定于一,非如齐桓之假尊周为名而行图霸之实也。然孟子谓"仲尼之徒无道桓、文之事者,是以后世无传焉",亦不尽然。《论语·宪问》明载仲尼之言,所谓"晋文公谲而不正,齐桓公正而不谲",且于管仲有褒有贬,并见《论语·宪问》,岂得径以"无道桓、文之事""后世无传"之语搪塞之。是孟子亦有以谲而求成其正处。故仆每谓孔孟不得相提并论。盖孟子已染战国之士诡辩习气,而孔子则除对阳货瞰其亡而往拜之一事之外,始终以诚信待人也。即如孟子借以羊易牛事说齐宣王,亦有为齐宣王圆谎与开脱之嫌,终近于当时策士之风。此作风孟子亦自知之,故坦率自承"予岂好辩哉?予不得已也"。由是言之,孔孟虽号称圣贤,亦常人而非神人或超人,不宜以超人视之,更不宜以神待之。仆非有意贬低孟子,不过据孔孟之书之实析言之耳。

第二段至"盖亦反其本矣"。中心思想唯在"老吾老"二句。又"大欲"一词,此章首见。又见于《礼记·礼运篇》,所谓"饮食男女,人之大欲存焉"。宋儒"存天理,灭人欲"之说,于是乎始兴。然其内涵,初非一言可尽,当于后篇略陈己见。而清儒戴震,则据"老吾老"二句申述之。其《原善》卷下云:"《记》曰:饮食男女,人之大欲存焉。……饮食男女,生养之道也,天地之所以生生也。……天地之生生而条理也。是故去生养之道者,贼道者也。细民得其欲,君子得其仁。遂己之欲,亦思遂人之欲,而仁不可胜用矣。快己之欲,忘人之欲,则私而不仁。饮食之贵乎恭、贵乎让,男女之贵乎谨、贵乎别,礼也。尚廉耻,明节限,无所苟而已矣,义也。人之不相贼者,以有仁也。人之异于禽兽者,以有礼义也。专欲而不仁,无礼无义,则祸患危亡随之,身丧名辱,若影响然。"其《孟子字义疏证》卷上引《乐记》之语,正面提出"天理""人欲"之说。其言曰:"诚以弱、寡、愚、怯,与夫疾病、老幼、孤独,反躬而思其情,人岂异于我?盖方其静也,未感于物,其血气心知,湛然无有失,故曰'天之性'。及其感而动,则欲出于性。一人之欲,天下人之所同欲也,故曰'性之欲'。好恶既形,遂己之好恶,忘人之好恶,往往贼人以逞欲。反躬者,以人之逞其欲,思身受之之情也。情得其平,是为好恶之节,是为依乎天理。古人所谓天理,未有如后儒之所谓天理者矣。"戴氏所谓"遂己之欲,亦思遂人之欲",与"遂己之好恶,忘人之好恶,往往贼人以逞欲。反躬者,以人之逞其欲,思身受之之情"云云,皆自《孟子》"老吾老"二句推悟而得。故仆以为"老吾老"二句,实此一段之中心思想也。

第三段中心思想在"无恒产而有恒心者,惟士为能"至"焉有仁人在位，罔民而可为也"一节。所谓"恒心"者，即孟子所谓"富贵不能淫，贫贱不能移，威武不能屈"也。民无恒产因无恒心者，盖衣食不足，便不能知荣辱，是以放辟邪侈，无不为矣。乃知民之陷于罪，每为生计所迫，不得不铤而走险也。有罪矣，则往往从而刑之，此与不教而诛，本质无二，因知民之有罪，罪在上也。后世于是有官逼民反之说，所谓"逼上梁山"，其所以被逼，是为政者逼之也。然士登仕途，亦未必有恒心，颐指气使者日多。在先秦则有庄子"其嗜欲深者其天机浅"（《大宗师》）之说，唐宋以降，至宋儒乃有"存天理，灭人欲"之说。其实"天理"与"人欲"二词，皆本之《庄子》。如《养生主》说庖丁解牛，即有"依乎天理"之言，宋儒不过借庄生用语以阐其说，戴震于《孟子字义疏证》中已详言之矣。至天理与人欲之关系，朱熹言之甚详明，如"人欲中自有天理"，如"天理人欲几微之间"，又如"饮食者，天理也；要求美味，人欲也"云云，皆见《朱子语类》卷十三"力行"篇。近人竟有斥之为邪教之说者，亦不读书之谰言也。

卷二　梁惠王下

庄暴见孟子,曰:"暴见于王,王语暴以好乐,暴未有以对也。"曰:"好乐何如?"孟子曰:"王之好乐甚,则齐国其庶几乎!"他日,见于王,曰:"王尝语庄子以好乐,有诸?"王变乎色,曰:"寡人非能好先王之乐也,直好世俗之乐耳。"曰:"王之好乐甚,则齐其庶几乎!今之乐犹古之乐也。"曰:"可得闻与?"曰:"独乐乐,与人乐乐,孰乐?"曰:"不若与人。"曰:"与少乐乐,与众乐乐,孰乐?"曰:"不若与众。""臣请为王言乐。今王鼓乐于此,百姓闻王钟鼓之声,管籥之音,举疾首蹙頞而相告曰:'吾王之好鼓乐,夫何使我至于此极也?父子不相见,兄弟妻子离散。'今王田猎于此,百姓闻王车马之音,见羽旄之美,举疾首蹙頞而相告曰:'吾王之好田猎,夫何使我至于此极也? 父子不相见,兄弟妻子离散。'此无他,不与民同乐也。今王鼓乐于此,百姓闻王钟鼓之声、管籥之音,举欣欣然有喜色而相告曰:'吾王庶几无疾病与? 何以能鼓乐也?'今王田猎于此,百姓闻王车马之音,见羽旄之美,举欣欣然有喜色而相告曰:'吾王庶几无疾病与? 何以能田猎也?'此无他,与民同乐也。今王与百姓同乐,则王矣。"

此与下章齐宣王见孟子于雪宫及前章梁惠王立于沼上题旨皆相类,强调与民同乐,则王道可行。然此章行文有特点,即前后两扇多重复之语。昔人每谓韩愈《原毁》开八股文之先河,其实《原毁》章法亦有所本,即摹此章是也。此种章法不可无一,不可有二。《原毁》摹此章,尚无大病。倘一而再,再而三,则可厌矣。读者、作者均不可不知。

齐宣王问曰:"文王之囿方七十里,有诸?"孟子对曰:"于传有之。"曰:"若是其大乎?"曰:"民犹以为小也。"曰:"寡人之囿方四十里,民犹以为大,何也？"曰："文王之囿方七十里，刍荛者往焉，雉兔者往焉，与民同之。民以为小，不亦宜乎？臣始至于境，问国之大禁，然后敢入。臣闻郊关之内，有囿方四十里，杀其麋鹿者如杀人之罪。则是方四十里，为阱于国中，民以为大，不亦宜乎？"

此章真谛，乃在揭露封建帝王特权之害。以情理度之，文王之囿，亦非今之公园，可全部开放。然樵采者、捕猎者可自由出入，是文王尚非以苑囿为禁地，虽有限制，尚非十分严格。至齐宣王之囿，则全属禁地，有捕杀麋鹿者如杀人之罪，是视其民命犹不如麋鹿也。自古至今，虽西方民主法治国家，统治者亦有特权，非任何公民所得享受，其余更无论矣。特权始终存在，此无可讳言者。夫特权存在一日，则所谓在法律面前人人平等，于学术言论得以各抒己见，真戛戛乎其难哉！

齐宣王问曰："交邻国有道乎？"孟子对曰："有。惟仁者为能以大事小，是故汤事葛，文王事昆夷；惟智者为能以小事大，故大王事獯鬻，句践事吴。以大事小者，乐天者也；以小事大者，畏天者也。乐天者保天下，畏天者保其国。《诗》云：

'畏天之威,于时保之。'"王曰:"大哉言矣!寡人有疾,寡人好勇。"对曰:"王请无好小勇。夫抚剑疾视,曰:'彼恶敢当我哉!'此匹夫之勇,敌一人者也。王请大之!《诗》云:'王赫斯怒,爰整其旅,以遏徂莒,以笃周祜,以对于天下。'此文王之勇也。文王一怒而安天下之民。《书》曰:'天降下民,作之君,作之师。惟曰其助上帝,宠之四方。有罪无罪,惟我在,天下曷敢有越厥志?'一人衡行于天下,武王耻之。此武王之勇也。而武王亦一怒而安天下之民。今王亦一怒而安天下之民,民惟恐王之不好勇也。"

据《联合国宪章》,国家无分大小,一律平等。孟子之言,宜若失其时效矣。然今世界各国,犹有发达国家与发展中国家之分,亦有强国与弱国之分,皆不以地域之大小论也。然乐天、畏天之说,似尚有研究余地。至于齐宣王之好勇也,非勇也,乃好战耳。犹上章所言"辟土地,朝秦、楚,莅中国而抚四夷"之野心也,故孟子以周文王、武王喻之。方今世界各国,称强图霸者有之,干涉他国内政者有之,穷兵黩武者更有之。惟在我国为政者,如何善处之耳。

齐宣王见孟子于雪宫。王曰:"贤者亦有此乐乎?"孟子对曰:"有。人不得,则非其上矣。不得而非其上者,非也;为民上而不与民同乐者,亦非也。乐民之乐者,民亦乐其乐;忧民之忧者,民亦忧其忧。乐以天下,忧以天下,然而不王者,未之有也。昔者齐景公问于晏子曰:'吾欲观于转附、朝儛,遵海而南,放于琅邪,吾何修而可以比于先王观也?'晏子对曰:'善哉问也!天子适诸侯曰巡狩,巡狩者,巡所守也;诸侯朝于天子曰述职,述职者,述所职也。无非事者。春省耕而补不足,秋省敛而助不给。夏谚曰:"吾王不游,吾何以休?吾王不豫,吾何以助?一游一豫,为诸侯度。"今也不然:师行而粮食,饥者弗食,劳者弗息。睊睊胥谗,民乃作慝。方命虐民,饮食若流。流连荒亡,为诸侯忧。从流下而忘反谓之流,从流上而忘反谓之连,从兽无厌谓之荒,乐酒无厌谓之亡。先王无流连之乐,荒亡之行。惟君所行也。'景公说,大戒于国,出舍于郊。于是始兴发补不足。召大师曰:'为我作君臣相说之乐!'盖《徵招》《角招》是也。其《诗》曰:'畜君何尤?'畜君者,好君也。"

此章之异于庄暴章者,在于假齐景公之事,戒为君者不得荒淫奢侈以招民怨也。

齐宣王问曰:"人皆谓我毁明堂。毁诸?已乎?"孟子对曰:"夫明堂者,王者之堂也。王欲行王政,则勿毁之矣。"王曰:"王政可得闻与?"对曰:"昔者文王之治岐也,耕者九一,仕者世禄,关市讥而不征,泽梁无禁,罪人不孥。老而无妻曰鳏,老而无夫曰寡,老而无子曰独,幼而无父曰孤。此四者,天下之穷民而无告者。文王发政施仁,必先斯四者。《诗》云:'哿矣富人,哀此茕独。'"王曰:"善哉言乎!"曰:"王如善之,则何为不行?"王曰:"寡人有疾,寡人好货。"对曰:"昔者公刘好货。《诗》云:'乃积乃仓,乃裹糇粮,于橐于囊,思戢用光,弓矢斯张,干戈戚扬,爰方启行。'故居者有积仓,行者有裹粮也,然后可以爰方启行。王如好货,与百姓同之,于王何有?"王曰:"寡人有疾,寡人好色。"对曰:"昔者太王好色,爱厥妃。《诗》云:'古公亶父,来朝走马,率西水浒,至于岐下。爰及姜女,聿来胥宇。'当是时也,内无怨女,外无旷夫。王如好色,与百姓同之,于王何有?"

毁明堂者,盖欲破坏传统文化遗迹也。孟子主行王政,是继承尧舜禹汤文武周公之道,故劝齐宣王勿毁之。往昔多年破旧立新,所毁者不一而足。自入新世纪,渐悟传统文化毁之有害无益,乃又大力保存古迹。然既毁者不能复完,亡羊补牢,终胜于一破到底,所谓彼一时此一时也。而齐宣王坦承己之好货好色,犹胜于文过饰非之徒。孟子所举公刘与古公亶父之例,未必切合宣王实际,不过宣扬以民为本之意。读者但会其大旨,不必拘泥孟子所引诗句可也。

孟子谓齐宣王曰:"王之臣有托其妻子于其友而之楚游者。比其反也,则冻馁其妻子,则如之何?"王曰:"弃之。"曰:"士师不能治士,则如之何?"王曰:"已之。"曰:"四境之内不治,则如之何?"王顾左右而言他。

此章齐宣王之心态,恰与上章相反。上章坦承好货好色,意在表明己行王政之不易;此章则孟子明言四境之内不治,是直指宣王治国无方。纵王政一时难施,亦不可使社会动荡,民不聊生。故宣王不得不避其锋,且不敢正面作答。由此可知,执政为民自属良好愿望,执政能力之强否尤至关重要。

孟子见齐宣王曰:"所谓故国者,非谓有乔木之谓也,有世臣之谓也。王无亲臣矣,昔者所进,今日不知其亡也。"王曰:"吾何以识其不才而舍之?"曰:"国君进贤,如不得已,将使卑逾尊,疏逾戚,可不慎与?左右皆曰贤,未可也;诸大夫皆曰贤,未可也;国人皆曰贤,然后察之。见贤焉,然后用之。左右皆曰不可,勿听;诸大夫皆曰不可,勿听;国人皆曰不可,然后察之。见不可焉,然后去之。左右皆曰可杀,勿听;诸大夫皆曰可杀,勿听;国人皆曰可杀,然后察之。见可杀焉,然后杀之。故曰国人杀之也。如此,然后可以为民父母。"

此章之旨,似宜析而辨之。以国人舆论为决策之本,是孟子具有民本思想之菁华;然生杀取舍之权卒归之于国君,则君主专制之局限也。观其结论国君"为民父母"一语可知。必择其菁华而剔其局限,读书庶几可以古为今用。

齐宣王问曰:"汤放桀,武王伐纣,有诸?"孟子对曰:"于传有之。"曰:"臣弑其君可乎?"曰:"贼仁者谓之贼,贼义者谓之残。残贼之人,谓之一夫。闻诛一夫纣矣,未闻弑君也。"

一夫之名,又曰独夫。谓暴君众叛亲离,天下皆怨之,乃至孤立无援,卒死无葬身之地也。一夫专制,则假群众之名而行之。故民主国家之公民,必先有公民意识,乃可实现民主之权力。此中微妙,不可不辨。

孟子见齐宣王曰:"为巨室,则必使工师求大木。工师得大木,则王喜,以为能胜其任也。匠人斫而小之,则王怒,以为不胜其任矣。夫人幼而学之,壮而欲行之,王曰'姑舍女所学而从我',则何如?今有璞玉于此,虽万镒,必使玉人雕琢之。至于治国家,则曰'姑舍女所学而从我',则何以异于教玉人雕琢玉哉?"

工师求大木一章虽短,涵义却深远。有所谓"长官意识"者,一事之成否,不从实际出发,而惟长官之命是从,往往后果不堪设想。又有所谓"外行可以领导内行",甚且以为必须外行领导内行。夫为政者治国每命其属下曰"姑舍女所学而从我",犹之教玉人琢玉。及大木毁为碎木不能成材,又无人承担损耗责任,则岂惟巨室难成,民亦将无立锥之地矣。故仆于此章,每三复斯言。

齐人伐燕,胜之。宣王问曰:"或谓寡人勿取,或谓寡人取之。以万乘之国伐万乘之国,五旬而举之,人力不至于此。不取,必有天殃。取之,何如?"孟子对曰:"取之而燕民悦,则取之。古之人有行之者,武王是也。取之而燕民不悦,则勿取。古之人有行之者,文王是也。以万乘之国伐万乘之国,箪食壶浆,以迎王师,岂有他哉?避水火也。如水益深,如火益热,亦运而已矣。"

齐人伐燕,取之。诸侯将谋救燕。宣王曰:"诸侯多谋伐寡人者,何以待之?"孟子对曰:"臣闻七十里为政于天下者,汤是也。未闻以千里畏人者也。《书》曰:'汤一征,自葛始。'天下信之。东面而征,西夷怨;南面而征,北狄怨。曰:'奚为后我?'民望之,若大旱之望云霓也。归市者不止,耕者不变,诛其君而吊其民,若时雨降,民大悦。《书》曰:'徯我后,后来其苏。'今燕虐其民,王往而征之。民以为将拯己于水火之中也,箪食壶浆,以迎王师。若杀其父兄,系累其子弟,毁其宗庙,迁其重器,如之何其可也?天下固畏齐之强也。今又倍地而不行仁政,是动天下之兵也。王速出令,反其旄倪,止其重器,谋于燕众,置君而后去之,则犹可及止也。"

燕王哙欲效尧舜禅让之先例,让国于其相子之,而招致燕国大乱,齐乃乘人之危而以兵加诸邻国,其非正义之师可知。《史记》以伐燕为齐湣王时事,《资治通鉴》据《孟子》所记,系伐燕事于齐宣王十九年。朱熹则以为诸书所载有异,疑莫能明。今按,《孟子》七篇为先秦古书,孟子又亲见齐宣王,则伐燕事当在宣王之世。《史记》或别有所据。"箪食壶浆,以迎王师",惟一九四九年上海解放时居民亲历之,盖人心向背,理所当然。若齐之伐燕,卒招致诸侯欲谋救燕,而齐王不得不"反其旄倪,止其重器,谋于燕众,置君而后去之",于以见干涉他国内政,或乘人之危,皆不得人心之举,宜为鉴戒者也。今之发达国家,动辄以重兵入他国引起战争,正仆所谓以己之所欲强加于人,其后果未有不乱者。孟子之言,似迂阔而远于事情,然恃强欺弱,终属不得人心,古人诚不我欺也。

邹与鲁哄。穆公问曰:"吾有司死者三十三人,而民莫之死也。诛之,则不可胜诛;不诛,则疾视其长上之死而不救,如之何则可也?"孟子对曰:"凶年饥岁,君之民老弱转乎沟壑,壮者散而之四方者几千人矣;而君之仓廪实,府库充,有司莫以告,是上慢而残下也。曾子曰:'戒之!戒之!出乎尔者,反乎尔者也。'夫民今而后得反之也。君无尤焉!君行仁政,斯民亲其上、死其长矣。"

"哄(鬨)"训斗声,今作动词用。邹、鲁近邻之国,皆弱小诸侯,彼此相斗,未免两败俱伤,故今辄言"内哄"。曾子所谓"出乎尔者反乎尔者也",原意为有司之职本在爱民,而竟以暴虐待民,故民于危难时竟亦以残酷手段待有司,坐视其死而不救。是有司自食其果,故言"出乎尔反乎尔"。今用为成语"出尔反尔",盖指人而无信,己所承诺者竟自食其言,已非曾子原意。一国之中,上下不同心,彼此失信义,所谓不能安定团结是也。为政者读此章,宜可以知鉴戒。

滕文公问曰:"滕,小国也,间于齐、楚。事齐乎?事楚乎?"孟子对曰:"是谋非吾所能及也。无已,则有一焉:凿斯池也,筑斯城也,与民守之,效死而民弗去,则是可为也。"

滕文公问曰:"齐人将筑薛,吾甚恐,如之何则可?"孟子对曰:"昔者大王居邠,狄人侵之,去之岐山之下居焉。非择而取之,不得已也。苟为善,后世子孙必有王者矣。君子创业垂统,为可继也。若夫成功,则天也。君如彼何哉?强为善而已矣。"

滕文公问曰:"滕,小国也。竭力以事大国,则不得免焉。如之何则可?"孟子对曰:"昔者大王居邠,狄人侵之。事之以皮币,不得免焉;事之以犬马,不得免焉;事之以珠玉,不得免焉。乃属其耆老而告之曰:'狄人之所欲者,吾土地也。吾闻之也:君子不以其所以养人者害人。二三子何患乎无君?我将去之。'去邠,逾梁山,邑于岐山之下居焉。邠人曰:'仁人也,不可失也。'从之者如归市。或曰:'世守也,非身之所能为也。效死勿去。'君请择于斯二者。"

滕文公问孟子三章,事当在滕文公篇滕文公为世子及滕定公薨二章之后,而在滕文公问为国章之前。盖以小国介于列强之间,必图自立自存之道,故思复井田之制以利民生。然孟子于此篇内之三章所陈,实无补于滕之现实处境。夫滕居于山东平原,诸侯林立,虽欲远徙而不可得。如求自立自存,一曰能使民效死而弗去,二曰为君者勉强为善而已,皆未知之数。于以见战国时代,小国实无力与大国和平相处。欲求不亡,必足食足兵,更取信于民。而终不免者,则时代使然,即孟子亦无能为力也。

鲁平公将出。嬖人臧仓者请曰:"他日君出,则必命有司所之。今乘舆已驾矣,有司未知所之,敢请!"公曰:"将见孟子。"曰:"何哉!君所为轻身以先于匹夫者,以为贤乎?礼义由贤者出,而孟子之后丧逾前丧。君无见焉!"公曰:"诺。"乐正子入见,曰:"君奚为不见孟轲也?"曰:"或告寡人曰:'孟子之后丧逾前丧',是以不往见也。"曰:"何哉君所谓逾者?前以士,后以大夫;前以三鼎,而后以五鼎与?"曰:"否。谓棺椁衣衾之美也。"曰:"非所谓逾也,贫富不同也。"乐正子见孟子,曰:"克告于君,君为来见也。嬖人有臧仓者沮君,君是以不果来也。"曰:"行或使之,止或尼之。行止非人所能也。吾之不遇鲁侯,天也。臧氏之子,焉能使予不遇哉?"

鲁平公之不得见孟子,孟子托言委诸天命。其实乃在于鲁君非真能礼贤下士、求贤若渴者,故臧仓之谗言得而间之。孔子五十而知天命,处今之世,人或坎坷一生,不待五十便久处逆境。惟当以孔子之言自勉,不耻恶衣恶食,如诸葛亮所谓之苟全性命,不求闻达,亦即孟子所谓无恒产而有恒心,庶几可优入颜回、陶渊明安贫乐道之境界矣。然空谈容易,实践艰难,故世之为稻粱谋者,自不宜轻加讥议,但求人人能洁身自好,则亦社会之福也。

卷三 公孙丑上

公孙丑问曰:"夫子当路于齐,管仲、晏子之功,可复许乎?"孟子曰:"子诚齐人也,知管仲、晏子而已矣。或问乎曾西曰:'吾子与子路孰贤?'曾西蹴然曰:'吾先子之所畏也。'曰:'然则吾子与管仲孰贤?'曾西艴然不悦,曰:'尔何曾比予于管仲?管仲得君,如彼其专也;行乎国政,如彼其久也;功烈,如彼其卑也。尔何曾比予于是?'"曰:"管仲,曾西之所不为也,而子为我愿之乎?"曰:"管仲以其君霸,晏子以其君显。管仲、晏子犹不足为与?"曰:"以齐王,由反手也。"曰:"若是,则弟子之惑滋甚。且以文王之德,百年而后崩,犹未洽于天下;武王、周公继之,然后大行。今言王若易然,则文王不足法与?"曰:"文王何可当也?由汤至于武丁,贤圣之君六七作。天下归殷久矣,久则难变也。武丁朝诸侯有天下,犹运之掌也。纣之去武丁未久也,其故家遗俗,流风善政,犹有存者;又有微子、微仲、王子比干、箕子、胶鬲,皆贤人也,相与辅相之,故久而后失之也。尺地莫非其有也,一民莫非其臣也,然而文王犹方百里起,是以难也。齐人有言曰:'虽有智慧,不如乘势;虽有镃基,不如待时。'今时则易然也。夏后、殷、周之盛,地未有过千里者也,而齐有其地矣。鸡鸣狗吠相闻,而达乎四境,而齐有其民矣。地不改辟矣,民不改聚矣,行仁政而王,莫之能御也。且王者之不作,未有疏于此时者也;民之憔悴于虐政,未有甚于此时者也。饥者易为食,渴者易为饮。孔子曰:'德之流行,速于置邮而传命。'当今之时,万乘之国行仁政,民之悦之,犹解倒悬也。故事半古之人,功必倍之,惟此时为然。"

公孙丑上第一章,盖孟子行王政之理论总纲。惟其言"以齐王犹反手",未免过于天真。平心而论,所谓汤武革命,实亦竟成霸业,未必施仁政之结果。而汤武卒能使诸侯听命而有改朝换代之功,乃桀纣之荒淫残暴有以促成之。至孟子之王政理想所以难于实现,一由时代和环境与殷周不同,二由在位之君既无文王之德,又无汤武之力,如梁惠王、齐宣王乃至滕文公,皆不足以一统天下者。纵行仁政于一时,亦不敌秦楚之兵强地广也。秦之能一统天下,首重专制独裁,以雷厉风行手段使令行禁止;次恃武力强盛,得挫六国之兵。然得天下而遽失之,正如贾谊之言,"攻守势异","仁义不施",始皇父子,犹桀纣也。刘项皆马上得天下,项残暴而刘善权谋,故项终不能成事。至文景之世,以黄老之术为政,使民得休养生息,卒定七国之乱,为汉武之兴奠定基础。故以史为鉴,首重民生。民心向背,在为政者是否以人为本并控驭国家机器有方。夫法治诚重于人治,然而法制之行终由执法者是否守法而定其成败。此孔孟之道虽不能大行于当时,卒能历久而深入民心者,在其思想能以人为本也。

此章孟子之言尚有一可议处。《论语》述孔子之于管仲,既责其人有僭越奢侈之病,又称其治国为政之功,诚为持平之论。而孟子则于管仲,近于一笔抹杀,此仆以为孟氏之所以终不及仲尼也。

公孙丑问曰:"夫子加齐之卿相,得行道焉,虽由此霸王不异矣。如此,则动心否乎?"孟子曰:"否。我四十不动心。"曰:"若是,则夫子过孟贲远矣。"曰:"是不难,告子先我不动心。"曰:"不动心有道乎?"曰:"有。北宫黝之养勇也,不肤挠,不目逃,思以一豪挫于人,若挞之于市朝。不受于褐宽博,亦不受于万乘之君。视刺万乘之君,若刺褐夫。无严诸侯。恶声至,必反之。孟施舍之所养勇也,曰:'视不胜犹胜也。量敌而后进,虑胜而后会,是畏三军者也。舍岂能为必胜哉?能无惧而已矣。'孟施舍似曾子,北宫黝似子夏。夫二子之勇,未知其孰贤,然而孟施舍守约也。昔者曾子谓子襄曰:'子好勇乎?吾尝闻大勇于夫子矣:自反而不缩,虽褐宽博,吾不惴焉;自反而缩,虽千万人,吾往矣。'孟施舍之守气,又不如曾子之守约也。"曰:"敢问夫子之不动心与告子之不动心,可得闻与?""告子曰:'不得于言,勿求于心;不得于心,勿求于气。'不得于心,勿求于气,可;不得于言,勿求于心,不可。夫志,气之帅也;气,体之充也。夫志至焉,气次焉;故曰:'持其志,无暴其气。'""既曰'志至焉,气次焉',又曰'持其志无暴其气'者,何也?"曰:"志壹则动气,气壹则动志也。今夫蹶者趋者,是气也,而反动其心。""敢问夫子恶乎长?"曰:"我知言,我善养吾浩然之气。""敢问何谓浩然之气?"曰:"难言也。其为气也,至大至刚,以直养而无害,则塞于天地之间。其为气也,配义与道;无是,馁也。是集义所生者,非义袭而取之也。行有不慊于心,则馁矣。我故曰告子未尝知义,以其外之也。必有事焉而勿正,心勿忘,勿助长也。无若宋人然:宋人有闵其苗之不长而揠之者,芒芒然归,谓其人曰:'今日病矣,予助苗长矣。'其子趋而往视之,苗则槁矣。天下之不助苗长者寡矣。以为无益而舍之者,不耘苗者也;助之长者,揠苗者也。非徒无益,而又害之。""何谓知言?"曰:"诐辞知其所蔽,淫辞知其所陷,邪辞知其所离,遁辞知其所穷。生于其心,害于其政;发于其政,害于其事。圣人复起,必从吾言矣。"

养气章为《孟子》重点文字。前后分为两段。前一段论养气,后一段论孔子。人养浩然之气而又能知言,则不动心之根本。欲求不动心,必先养勇。故公孙丑自始即以孟贲与孟子相提并论,而孟子又以北宫黝与孟施舍之养勇,及曾子述孔子之言,以证己由养勇而卒可达于不动心之境界。然后又以告子之不动心与己之不动心相比,知告子不以仁义为根本,即所谓"义外";而己则以浩然之气与知言为根本,故较告子之不动心为彻底。前后层次井然,读来自然明畅。文中有数处须加说明。孟施舍之"视不胜犹胜",此非鲁迅所讥之精神胜利法。所谓精神胜利法,乃在较量之后。较量而不能胜对方,反自居于胜者,此小人姑以解嘲之伎俩。孟施舍则在较量之前。纵敌众我寡,自视未必能胜对方,然不因此而惧,犹尽己之全力与对方拼搏,虽彼有三军之众,己亦不怯敌,即不能胜亦不退却。故不以量敌而后进、虑胜而后与敌会者为然。北宫黝之勇,乃绝不许人犯我,如犯我则我必与较量。孟施舍则不论对方是否强弱,先存不惧之心,故孟子谓之"守约"。守约者,先定一原则之谓。而孟施舍之守约,乃先存不惧之勇气,故孟子谓其"守气"。至曾子则以事理之曲直为前提。理直则为义,理不直则为不义,故曾子之守约为"守义"。是已胜徒恃勇者为高一筹矣。"吾不惴焉"者,"惴"乃色厉而内荏之谓。见对方不过为褐宽博之匹夫,则明知己为无理,犹厉色以对,是视彼为可欺而故作有恃无恐之状以惧之,此仲尼与曾子所不为。

如自反而理直，则其气自壮，虽千万人吾亦不惧，所谓"义无反顾"是也。至告子之"不得于言勿求于心"，乃不知言者之心态，故虽觉彼言有不合理处，却不以己心度之，因之不动心。故孟子以为"不可"。至"不得于心勿求于气"，则是真不动心，故孟子以为"可"。此"气"即今所谓"生气""动气"之气，不必过于求深。"志壹则动气，气壹则动志"之"动"，今言影响。志既专一，则影响气。此是好影响。志专一之人可使人心平气和，即不动心不使气。如有人无心被物所绊而将蹶跌，则下意识必前抢几步，以防倒地，是已之"气"使"志"暂时失控，即孟子所谓"反动其心"。但此是暂时失态，能长持其志而无暴其气，则此种失态可免。

"宰我、子贡善为说辞，冉牛、闵子、颜渊善言德行。孔子兼之，曰：'我于辞命，则不能也。'然则夫子既圣矣乎？"曰："恶！是何言也？昔者子贡问于孔子曰：'夫子圣矣乎？'孔子曰：'圣则吾不能，我学不厌而教不倦也。'子贡曰：'学不厌，智也；教不倦，仁也。仁且智，夫子既圣矣！'夫圣，孔子不居，是何言也？""昔者窃闻之：子夏、子游、子张皆有圣人之一体，冉牛、闵子、颜渊则具体而微。敢问所安?"曰:"姑舍是。"曰:"伯夷、伊尹何如?"曰:"不同道。非其君不事,非其民不使;治则进,乱则退,伯夷也。何事非君,何使非民;治亦进,乱亦进,伊尹也。可以仕则仕,可以止则止,可以久则久,可以速则速,孔子也。皆古圣人也,吾未能有行焉;乃所愿,则学孔子也。""伯夷、伊尹于孔子,若是班乎?"曰:"否。自有生民以来,未有孔子也。"曰:"然则有同与?"曰:"有。得百里之地而君之,皆能以朝诸侯,有天下。行一不义、杀一不辜而得天下,皆不为也。是则同。"曰:"敢问其所以异?"曰:"宰我、子贡、有若,智足以知圣人。污,不至阿其所好。宰我曰:'以予观于夫子,贤于尧舜远矣。'子贡曰:'见其礼而知其政,闻其乐而知其德。由百世之后,等百世之王,莫之能违也。自生民以来,未有夫子也。'有若曰:'岂惟民哉?麒麟之于走兽,凤凰之于飞鸟,太山之于丘垤,河海之于行潦,类也。圣人之于民,亦类也。出于其类,拔乎其萃,自生民以来,未有盛于孔子也。'"

此一段虽赞孔子,实孟子自占地位。方公孙丑言孔门弟子如何如何,孟子竟言"姑舍是"。意者孟子自视甚高,可直接上承孔子。此犹韩愈言"轲之死,不得其传焉",其意亦在愈本人即孟轲之传人也。严几道自言"圣人复起,不易吾言",亦是此意。即此类言语,便下圣人一等。

> 孟子曰:"以力假仁者霸,霸必有大国;以德行仁者王,王不待大。汤以七十里,文王以百里。以力服人者,非心服也,力不赡也;以德服人者,中心悦而诚服也,如七十子之服孔子也。《诗》云:'自西自东,自南自北,无思不服。'此之谓也。"

仆每疑汤武之取代桀纣而有天下,非必行仁政而后成功。读《尚书》文字可以悟出几分。所谓汤之东征西怨,南征北怨,乃夏桀丧失人心所致。周武亦然。充其量不过"以力假仁"而已。明清易代,皆缘明末官贪政窳,清室土崩瓦解,势在必亡。李自成与袁世凯,并"假仁"亦未做到。而崇祯不得不自缢,溥仪不得不退位,岂李、袁之功哉!嵇叔夜唱言"非汤武而薄周孔",即以《与山巨源绝交书》一文证之,称颂仲尼处不一而足。因知其所非与所薄,非汤武周孔本人,而别有所指也。孟子之所期,在于为政者能如孔子,而天下之民能如仲尼弟子之于乃师,皆心悦诚服。此真过于天真矣。夫为天子诸侯者,岂可与好学深思之读书人相提并论哉!

> 孟子曰:"仁则荣,不仁则辱。今恶辱而居不仁,是犹恶湿而居下也。如恶之,莫如贵德而尊士,贤者在位,能者在职。国家闲暇,及是时,明其政刑。虽大国,必畏之矣。《诗》云:'迨天之未阴雨,彻彼桑土,绸缪牖户。今此下民,或敢侮予?'孔子曰:'为此诗者,其知道乎!能治其国家,谁敢侮之?'今国家闲暇,及是时,般乐怠敖,是自求祸也。祸福无不自己求之者。《诗》云:'永言配命,自求多福。'《太甲》曰:'天作孽,犹可违;自作孽,不可活。'此之谓也。"

荣辱关键,在于仁与不仁,此是不刊之论。末引《尚书·太甲》逸文,仆以为真孟子逆耳之忠言也。姚永概《孟子讲义》于此章发大段感慨,今照录如下:"孟子此章,非常沉痛,读之泪几欲堕。因思古今多少英雄志士,目视国之可为而不为,逮时过境迁,时机已失,祸患猝至;虽欲勉力图存,奈非闲暇之时,难施补救之术。

所谓虽有善者,无如之何!读至两'及是时'句,应作同声之哭矣。嗟乎!往事已矣,后来无穷,所愿与读《孟子》者,将此章念兹在兹,永存心目,苟当大任,努力为前之'及是时'焉可也。"于以见姚氏拳拳爱国忧患意识之深远。

> 孟子曰:"尊贤使能,俊杰在位,则天下之士皆悦而愿立于其朝矣。市廛而不征,法而不廛,则天下之商皆悦而愿藏于其市矣。关讥而不征,则天下之旅皆悦而愿出于其路矣。耕者助而不税,则天下之农皆悦而愿耕于其野矣。廛无夫里之布,则天下之民皆悦而愿为之氓矣。信能行此五者,则邻国之民仰之若父母矣。率其子弟,攻其父母,自有生民以来,未有能济者也。如此,则无敌于天下。无敌于天下者,天吏也。然而不王者,未之有也。"

此亦孟子理想社会之蓝图。能否实现,在孟子当时固不敢必,即大一统之后亦未必能尽如其言也。

> 孟子曰:"人皆有不忍人之心。先王有不忍人

之心,斯有不忍人之政矣。以不忍人之心,行不忍人之政,治天下可运之掌上。所以谓人皆有不忍人之心者,今人乍见孺子将入于井,皆有怵惕恻隐之心。非所以内交于孺子之父母也,非所以要誉于乡党朋友也,非恶其声而然也。由是观之,无恻隐之心,非人也;无羞恶之心,非人也;无辞让之心,非人也;无是非之心,非人也。恻隐之心,仁之端也;羞恶之心,义之端也;辞让之心,礼之端也;是非之心,智之端也。人之有是四端也,犹其有四体也。有是四端而自谓不能者,自贼者也;谓其君不能者,贼其君者也。凡有四端于我者,知皆扩而充之矣,若火之始然,泉之始达。苟能充之,足以保四海;苟不充之,不足以事父母。"

此章是孟子性善论之根本依据。《朱子语类》卷五十三说此章篇幅极长,较《集注》为详细深入。孟子四端虽相提并论,而朱熹与门弟子皆以仁为统摄其他三者,所谓"不忍人之心",即恻隐之心也。其言曰:"是非、辞让、羞恶,虽是与恻隐并说,但此三者皆自恻隐中发出来。固有恻隐后方有此三者。"人而无不忍人之心,即无恻隐之心,亦即所谓麻木不仁。麻木不仁之人,盖已失其良知,此鲁迅所以孜孜以纠正国民性为己任,欲国人能尽复其良知而克服麻木不仁之恶状也。方鲁迅见人争看以首级示众而无动于衷,是看者已昧其恻隐之心矣。近读报章,有传媒报道,西方科学家以婴儿为对象而进行实验,发现婴儿已能同情弱者,反抗强者,并有助人为乐之愿望。由是知孟子之道性善,言必称尧舜,诚有其颠扑不破之道理。观近世以来,贻患无穷,隔岸观火者有之,见死不救者有之,乘人之危者有之,幸灾乐祸者有之,甚至有落井下石、诬良为盗者。然后知孔孟之道沦丧久矣。此仆所以力主为政者须读马恩之经与孔孟之经,则国民之劣根性可望除之务尽也。

> 孟子曰:"矢人岂不仁于函人哉?矢人唯恐不伤人,函人唯恐伤人。巫、匠亦然。故术不可不慎也。孔子曰:'里仁为美。择不处仁,焉得智?'夫仁,天之尊爵也,人之安宅也。莫之御而不仁,是不智也。不仁、不智、无礼、无义,人役也。人役而耻为役,由弓人而耻为弓,矢人而耻为矢也。如耻之,莫如为仁。仁者如射,射者正己而后发。发而不中,不怨胜己者,反求诸己而已矣。"

此章由择术而引出仁者应具有自我批评之精神。人能反求诸己,必先知耻。而知耻者必先为仁。为仁犹择术,术之不正,犹人之不为仁。故择术如择邻。必外因导之为仁,然后知耻,而后可反求诸己,有自我反省之勇气矣。

孟子曰:"子路,人告之以有过则喜。禹闻善言则拜。大舜有大焉,善与人同,舍己从人,乐取于人以为善。自耕、稼、陶、渔以至为帝,无非取于人者。取诸人以为善,是与人为善者也。故君子莫大乎与人为善。"

人告之以有过则喜,已大不易。闻善言则拜,不独己能改过,且能尊重对方,是更进一步。至于舜之为人,则更有知人之明。知己之不足,便舍己从人。及己为帝王,人将唯己命是从,而犹取人之善,真虚怀若谷矣。然犹以为不足,乃助人为善,以善意待人,是能推己及人矣。为政者有此胸襟,乃足以得民心。如事事处处钳人之口,防民甚于防川,其不仁不智,亦太甚矣。西方主言论自由,其实亦未必真能自由。要在不怨胜己者，而能反求诸己，则虽有异己之言，不妨以与人为善之心持之，又何愁天下不治耶！

孟子曰："伯夷，非其君不事，非其友不友。不立于恶人之朝，不与恶人言。立于恶人之朝，与恶人言，如以朝衣朝冠坐于涂炭。推恶恶之心，思与乡人立，其冠不正，望望然去之，若将浼焉。是故诸侯虽有善其辞命而至者，不受也。不受也者，是亦不屑就已。柳下惠，不羞污君，不卑小官。进不隐贤，必以其道。遗佚而不怨，厄穷而不悯。故曰：'尔为尔，我为我，虽袒裼裸裎于我侧，尔焉能浼我哉？'故由由然与之偕而不自失焉，援而止之而止。援而止之而止者，是亦不屑去已。"孟子曰："伯夷隘，柳下惠不恭。隘与不恭，君子不由也。"

此章实借古人之为人阐孔子中庸之道，所谓隘与不恭，君子不由。东汉李固《遗黄琼书》云："不夷不惠，可否之间，盖圣贤居身之所珍也。"孟子称孔子为"圣之时者"，即能守中庸之道不偏不倚，得其正者也。然孔子不废狂狷，则知洁身自好者犹胜于玩世不恭也。

卷四　公孙丑下

孟子曰:"天时不如地利,地利不如人和。三里之城,七里之郭,环而攻之而不胜。夫环而攻之,必有得天时者矣;然而不胜者,是天时不如地利也。城非不高也,池非不深也,兵革非不坚利也,米粟非不多也;委而去之,是地利不如人和也。故曰:域民不以封疆之界,固国不以山溪之险,威天下不以兵革之利。得道者多助,失道者寡助。寡助之至,亲戚畔之;多助之至,天下顺之。以天下之所顺,攻亲戚之所畔;故君子有不战,战必胜矣。"

天时犹今言机遇。所谓人和,近于仁矣。人和之具体表现，在于得道多助，失道寡助。孟子非主战者，得人和则可不战而胜。敌人纵有山川险阻、坚甲利兵而不得人心，故不能守御，是以君子战必胜也。

孟子将朝王，王使人来曰："寡人如就见者也，有寒疾，不可以风。朝将视朝，不识可使寡人得见乎？"对曰："不幸而有疾，不能造朝。"明日，出吊于东郭氏。公孙丑曰："昔者辞以病，今日吊，或者不可乎？"曰："昔者疾，今日愈，如之何不吊？"王使人问疾，医来。孟仲子对曰："昔者有王命，有采薪之忧，不能造朝。今病小愈，趋造于朝，我不识能至否乎。"使数人要于路，曰："请必无归而造于朝！"不得已而之景丑氏宿焉。景子曰："内则父子，外则君臣，人之大伦也。父子主恩，君臣主敬。丑见王之敬子也，未见所以敬王也。"曰："恶！是何言也！齐人无以仁义与王言者，岂以仁义为不美也？其心曰'是何足与言仁义也'云尔，则不敬莫大乎是。我非尧舜之道，不敢以陈于王前，故齐人莫如我敬王也。"景子曰："否，非此之谓也。《礼》曰：'父召，无诺；君命召，不俟驾。'固将朝也，闻王命而遂不果，宜与夫礼若不相似然。"曰："岂谓是与？

曾子曰：'晋楚之富，不可及也。彼以其富，我以吾仁；彼以其爵，我以吾义，吾何慊乎哉？'夫岂不义？而曾子言之，是或一道也。天下有达尊三：爵一，齿一，德一。朝廷莫如爵，乡党莫如齿，辅世长民莫如德。恶得有其一，以慢其二哉？故将大有为之君，必有所不召之臣，欲有谋焉，则就之。其尊德乐道不如是，不足与有为也。故汤之于伊尹，学焉而后臣之，故不劳而王；桓公之于管仲，学焉而后臣之，故不劳而霸。今天下地丑德齐，莫能相尚。无他，好臣其所教，而不好臣其所受教。汤之于伊尹，桓公之于管仲，则不敢召。管仲且犹不可召，而况不为管仲者乎？"

此章前半颇具戏剧性。推其本源，盖彼此皆缺乏诚意，有以致之。孟子将朝王，是真欲朝也，景丑所谓"固将朝也"一语，可以证之。而齐宣王乃使人拒之，拒之亦未为不可，而曰"寡人如就见者也"，是则近于伪也。而曰"朝将视朝"，愿孟子往朝见之。果次日王能视朝，何不出见孟子，而欲召孟子往朝乎？于是孟子乃以有疾不能造朝对之。是孟子亦未以诚待王也。至明日孟子不惟不造朝，而竟出吊于东郭氏，是取瑟而歌之故技,仆以为未必足取也。而王竟遣医来,是王犹未失礼;而门弟子不以实对,竟告以孟子已趋造于朝,则又不诚矣。然后孟子又坚不欲失体面,竟宿于景丑氏。是一误再误,无怪乎景丑以言诘之矣。夫人无完人,此章可见孟子为人亦有不足处。然孟子所持之理由,一曰不得以爵位轻视年长有德之人,一曰大有为之君必有不召之臣,则可供后世为政者借鉴。盖后世之在上位者,动辄轻贤慢士,于臣下往往以权势骄人,召之欲其即来,挥之欲其即去;而为臣下者,又往往自卑身价,于在上者俯首帖耳,唯命是从。于是积重难返,一发而不可收矣。鄙意读此章者,必引为鉴戒:一以诚信待人,二不以权势骄人,庶几可矣。

陈臻问曰:"前日于齐,王馈兼金一百而不受;于宋,馈七十镒而受;于薛,馈五十镒而受。前日之不受是,则今日之受非也;今日之受是,则前日之不受非也。夫子必居一于此矣。"孟子曰:"皆是也。当在宋也,予将有远行,行者必以赆,辞曰:'馈赆。'予何为不受?当在薛也,予有戒心。辞曰:'闻戒。'故为兵馈之,予何为不受?若于齐,则未有处也。无处而馈之,是货之也。焉有君子而可以货取乎？"

此章涉及财货取舍之道。俗语云："无功不受禄。"今之通例，曰"按劳取酬"。仆于师友或门人馈遗，有可受者，有必不可受者。盖取之有道，非其道而取之，非贪即盗也。仆六十以前，以家口众而举债累累，卒得清偿。六十以后，以老妻久病，每入不敷出。于亲友门人所馈遗，不免有取伤廉之病，故仆之为人，去古人远矣，深用愧疚。而孟子之取或不取，仆以为在所与之人为谁。宋与薛，孟子以为与之者名正言顺，故受之；而齐王之馈，则富贵者以财势骄人，居高临下，视孟子为施舍对象，故孟子谓之"无处而馈之，是货之也。焉有君子而可以货取乎？"故拒不受。读此章，可以悟富贵不能淫之理，足可引为鉴戒。

孟子之平陆。谓其大夫曰："子之持戟之士，一日而三失伍，则去之否乎？"曰："不待三。""然则子之失伍也亦多矣。凶年饥岁，子之民，老羸转于沟壑，壮者散而之四方者，几千人矣。"曰："此非距心之所得为也。"曰："今有受人之牛羊而为之牧之者，则必为之求牧与刍矣。求牧与刍而不得，则反诸其人乎？抑亦立而视其死与？"曰："此则距心之罪也。"他日，见于王，曰："王之为都者，臣知五人焉。知其罪者，惟孔距心。"为王诵之。王曰："此则寡人之罪也。"

此章明职权有大小，为吏者虽位卑而力不足，亦当恪尽职守，不得以位卑而力不足为借口，于本职工作不尽其应尽之力。今之官吏不能尽职，法律谓之"不作为"。凡能内省己有不作为之病而能改之，是犹不失为贤吏。知而不能改，徒口讼己有罪，如帝王之下罪己诏，而不作为依旧，则在下者宜挂冠，在上者宜自劾。若夫齐宣王，谁其劾之？虽孟子亦无可如何，惟有"致为臣而去"耳。

孟子谓蚔䵷曰："子之辞灵丘而请士师，似也，为其可以言也。今既数月矣，未可以言与？"蚔䵷谏于王而不用，致为臣而去。齐人曰："所以为蚔䵷，则善矣；所以自为，则吾不知也。"公都子以告。

曰："吾闻之也：有官守者，不得其职则去；有言责者，不得其言则去。我无官守，我无言责也，则吾进退，岂不绰绰然有余裕哉？"

此章当与上章并读。孟子所期于蚳鼃者,犹其期于孔距心也。惟不知蚳鼃致仕后有无衣食之虞耳。至于孟子于己之进退,可与下章"孟子去齐"答尹士之言参读。然孟子之言行,犹不免贻后世恋栈禄位者以借口,可不慎哉!

孟子为卿于齐,出吊于滕,王使盖大夫王驩为辅行。王驩朝暮见,反齐滕之路,未尝与之言行事也。公孙丑曰:"齐卿之位,不为小矣。齐滕之路,不为近矣。反之而未尝与言行事,何也?"曰:"夫既或治之,予何言哉?"

此孟子之托词。王驩为小人,故孟子不屑与之言行事耳。小如按:此章"未尝与之言行事"句,自赵岐、朱熹以至焦循,皆未加注。姚永概《孟子讲义》卷四:"行事,此行所使之事。"心窃疑之。考《管子·小匡》"隰朋为行"句尹知章注:"行,谓行人也,所以通使诸侯。"而"行人"之为官名,先秦诸籍与《太史公书》屡见。如《管子·侈靡》"行人可不有私"句尹注:"行人,使人也。"与此义相近或相同者,又见《左传·桓公九年》杜预注及孔颖达疏,及《论语·宪问》何晏集解、邢昺疏。

因知春秋、战国时代,凡代表诸侯政府出使邻国者,皆称"行人"。而负责接待他国来宾并掌辞命者,亦在行人职分之内,见《国语·鲁语下》韦昭注及《春秋穀梁传·襄公十一年》范宁注。然则"行人"所司之职,颇似今日外交部对外之大使、公使与对内之礼宾司。孟子既为齐卿,出吊于滕,正属"行人"身份与职责。故齐宣王以王驩为"辅行",犹今言"副使"也。而所谓"行事",乃行人出使所司之事。俞樾《诸子平议》卷十一释《韩非子·说林上》"公佩仆玺而为行事"句云:"是'仆'与'行'为官名,言佩'仆'之玺而为'行'之事也。"足证《孟子》此章之"行事"实专指行人之事,非时贤以现代汉语泛译之"办公事"之谓。

孟子自齐葬于鲁,反于齐,止于嬴。充虞请曰:"前日不知虞之不肖,使虞敦匠事。严,虞不敢请。今愿窃有请也,木若以美然。"曰:"古者棺椁无度,中古棺七寸,椁称之。自天子达于庶人。非直为观美也,然后尽于人心。不得,不可以为悦;无财,不可以为悦。得之为有财,古之人皆用之,吾何为独不然?且比化者,无使土亲肤,于人心独无恔乎?吾闻之,君子不以天下俭其亲。"

此章述孟子厚葬其母,可与上篇臧仓谮孟子于鲁平公章参看。孟子幼失父,恃母教以成人,故厚葬母以尽人子之道。倘非墨家者流,不妨略迹原心,不必厚责孟子。

沈同以其私问曰:"燕可伐与?"孟子曰:"可。子哙不得与人燕,子之不得受燕于子哙。有仕于此,而子悦之,不告于王而私与之吾子之禄爵;夫士也,亦无王命而私受之于子,则可乎?何以异于是?"齐人伐燕。或问曰:"劝齐伐燕,有诸?"曰:"未也。沈同问:'燕可伐与?'吾应之曰:'可。'彼然而伐之也。彼如曰:'孰可以伐之?'则将应之曰:'为天吏,则可以伐之。'今有杀人者,或问之曰:'人可杀与?'则将应之曰:'可。'彼如曰:'孰可以杀之?'则将应之曰:'为士师,则可以杀之。'今以燕伐燕,何为劝之哉?"

沈同与孟子对话,是私谊而非公开言论。然齐人竟伐燕,而答沈同之言竟得公开,故孟子有劝齐伐燕之嫌。由是观之,凡知名之士,虽私言亦不可不慎。

燕人畔。王曰:"吾甚惭于孟子。"陈贾曰:"王无患焉。王自以为与周公,孰仁且智?"王曰:"恶!是何言也?"曰:"周公使管叔监殷,管叔以殷畔。知而使之,是不仁也;不知而使之,是不智也。仁智,周公未之尽也,而况于王乎?贾请见而解之。"见孟子,问曰:"周公何人也?"曰:"古圣人也。"曰:"使管叔监殷,管叔以殷畔也,有诸?"曰:"然。"曰:"周公知其将畔而使之与?"曰:"不知也。""然则圣人且有过与?"曰:"周公,弟也;管叔,兄也。周公之过,不亦宜乎?且古之君子,过则改之;今之君子,过则顺之。古之君子,其过也,如日月之食,民皆见之;及其更也,民皆仰之。今之君子,岂徒顺之,又从为之辞。"

陈贾之流,于今为烈。无耻而逢君之恶者,不在不学无术之人,反在自比于智囊之列之所谓知识分子。夫读古人书,而供文过饰非之用,反不如不读书而知耻之人也。故知太上有立德,是为立身之本。

孟子致为臣而归。王就见孟子,曰:"前日愿见而不可得,得侍同朝,甚喜。今又弃寡人而归,不识可以继此而得见乎?"对曰:"不敢请耳,固所愿也。"他日,王谓时子曰:"我欲中国而授孟子室,养弟子以万钟,使诸大夫国人皆有所矜式。子盍为我言之?"时子因陈子而以告孟子,陈子以时子之言告孟子。孟子曰:"然。夫时子恶知其不可也?如使予欲富,辞十万而受万,是为欲富乎?季孙曰:'异哉子叔疑!使己为政,不用,则亦已矣,又使其子弟为卿。人亦孰不欲富贵?而独于富贵之中,有私龙断焉。'古之为市也,以其所有易其所无者,有司者治之耳。有贱丈夫焉,必求龙断而登之,以左右望而罔市利。人皆以为贱,故从而征之。征商,自此贱丈夫始矣。"

孟子去齐,宿于昼。有欲为王留行者,坐而言。不应,隐几而卧。客不悦,曰:"弟子齐宿而后敢言,夫子卧而不听,请勿复敢见矣。"曰:"坐!我明语子。昔者鲁缪公无人乎子思之侧,则不能安子思;泄柳、申详无人乎缪公之侧,则不能安其身。子为长者虑,而不及子思,子绝长者乎?长者绝子乎?"

孟子去齐。尹士语人曰:"不识王之不可以为汤武,则是不明也;识其不可,然且至,则是干泽也。千里而见王,不遇故去。三宿而后出昼,是何濡滞也?士则兹不悦。"高子以告。曰:"夫尹士恶知予哉?千里而见王,是予所欲也;不遇故去,岂予所欲哉?予不得已也。予三宿而出昼,于予心犹以为速。王庶几改之。王如改诸,则必反予。夫出昼而王不予追也,予然后浩然有归志。予虽然,岂舍王哉?王由足用为善。王如用予,则岂徒齐民安,天下之民举安。王庶几改之,予日望之。予岂若是小丈夫然哉?谏于其君而不受,则怒,悻悻然见于其面。去则穷日之力而后宿哉?"尹士闻之曰:"士诚小人也。"

孟子去齐。充虞路问曰:"夫子若有不豫色然。前日虞闻诸夫子曰:'君子不怨天,不尤人。'"曰:"彼一时,此一时也。五百年必有王者兴,其间必有名世者。由周而来,七百有余岁矣。以其数则过矣,以其时考之则可矣。夫天,未欲平治天下也;如欲平治天下,当今之世,舍我其谁也?吾何为不豫哉?"

孟子去齐,居休。公孙丑问曰:"仕而不受禄,古之道乎?"曰:"非也。于崇,吾得见王。退而有去志,不欲变,故不受也。继而有师命,不可以请。久于齐,非我志也。"

自"孟子致为臣而归"以下至篇末,皆记孟子去齐事。孟子答时子之言,盖谓己不欲为贱丈夫。宿昼答客言,谓齐王虽欲罗致孟子而徒以厚禄尊之而不用其言,故不得不去。答尹士之言,则坦言齐宣王非足与言行王政者,道不同不相为谋,故必去之而后可;然迟迟其行,非恋栈禄位,犹冀王能改弦更张也。答充虞之言,则孟子明示其志,欲以平治天下为己任。虽似自炫,实为自信,其言发诸内心,不可以狂言目之。末章答公孙丑,则自襮久于齐非己之本心。读书须知人论世,综括此数章而观之,可概知孟子之为人,足以启人心智。

卷五　滕文公上

滕文公为世子，将之楚，过宋而见孟子。孟子道性善，言必称尧舜。

世子自楚反，复见孟子。孟子曰："世子疑吾言乎？夫道一而已矣。成覵谓齐景公曰：'彼丈夫也，我丈夫也，吾何畏彼哉？'颜渊曰：'舜何人也？予何人也？有为者亦若是。'公明仪曰：'文王，我师也。周公岂欺我哉？'今滕，绝长补短，将五十里也，犹可以为善国。《书》曰：'若药不瞑眩，厥疾不瘳。'"

孟子道性善，始见于此章。当与前篇人皆有不忍人之心及仁义礼智四端一章参看。夫恻隐、羞恶、辞让、是非之心,是否与生俱生,乃性善说最主要之依据。故朱熹及其门弟子皆以"恻隐之心,仁之端也"为主,而谓后三者皆自此出。实以后三者未必为与生俱生也。然此章于"道性善"后,即接以"言必称尧舜",则为大关键。"人皆可以为尧舜","尧舜与人同",皆《孟子》之中心思想。其意盖谓常人与尧舜于初生时皆无异,以证成人之初生也其性本善之可信。然尧舜卒为尧舜,常人终不免为常人,则由于"性相近,习相远""苟不教,性乃迁"之故。故孟子虽言性善,必加之以"谨庠序之教,申之以孝悌之义",其理论始臻完善。而荀子则言"人性恶,其善者伪也"。"伪"者后人释为人为之意,即人之后天须受教育,乃能改恶从善。仆则以为性善说终胜性恶说。正惟人性本善,纵有不善,犹能改而向善。若人性本恶,则后天纵使之向善,亦未必能善也。虽然,后天之利诱,即宋儒所谓人欲,亦万不可忽视。故《孟子》开宗明义即于利持否定态度。孔子言"放于利而行",犹孟子之言"人亦孰不欲富贵"也。夫富贵淫人,贫贱移人,更胜于以威武屈人。以百年来近代史为鉴,威武不能屈者往往有之,且远不止一二人;而屈于富贵者则无啻千万,此又性恶说得占上风之故也。故孟子再见滕文公时,强调"夫道一而已矣"。戴震《孟子字义疏证》卷下释此句云:"言不因人之圣智不若尧舜文王而有二道也。"其说与朱子合。鄙意孟子此言,犹仲尼"吾道一以贯之"之谓。至引《尚书》语,犹言国无内忧外患者则恒亡;不以使人瞑眩之药投之,则厥疾不瘳也。

滕定公薨。世子谓然友曰:"昔者孟子尝与我言于宋,于心终不忘。今也不幸至于大故,吾欲使子问于孟子,然后行事。"然友之邹问于孟子。孟子曰:"不亦善乎!亲丧固所自尽也。曾子曰:'生,事之以礼;死,葬之以礼,祭之以礼,可谓孝矣。'诸侯之礼,吾未之学也;虽然,吾尝闻之矣。三年之丧,齐疏之服,饘粥之食,自天子达于庶人,三代共之。"然友反命,定为三年之丧。父兄百官皆不欲,曰:"吾宗国鲁先君莫之行,吾先君亦莫之行也,至于子之身而反之,不可。且《志》曰:'丧祭从先祖。'"曰:"吾有所受之也。"谓然友曰:"吾他日未尝学问,好驰马试剑。今也父兄百官不我足也,恐其不能尽于大事,子为我问孟子。"然友复之邹问孟子。孟子曰:"然。不可以他求者也。孔子曰:'君薨,听于冢宰。歠粥,面深墨。即位而哭,百官有司，莫敢不哀，先之也。'上有好者，下必有甚焉者矣。'君子之德，风也；小人之德，草也。草尚之风必偃。'是在世子。"然友反命。世子曰："然。是诚在我。"五月居庐，未有命戒。百官族人可谓曰知。及至葬，四方来观之，颜色之戚，哭泣之哀，吊者大悦。

统观《孟子》七篇，孟子之得行其道者，惟在滕文公治乃父之丧一事。然滕文公是否居三年之丧，则无明文，只可阙疑。然此章有可言者三事。一曰传统习惯势力不易突破，故滕之父兄百官，皆不同意三年之丧。二曰事之可行与否，厥惟在上者能否果断，故孟子言上有好之下必甚焉，强调草尚之风必偃。三曰临葬之际，滕文公表现为颜色之戚、哭泣之哀，使吊者大悦。今日反复读之，不无作秀之嫌。仆非以小人之心度君子之腹，盖古礼之行，往往流于形式；况滕文公事事遵孟子之嘱，但求尽于大事，而未必发自内心也。

滕文公问为国。孟子曰："民事不可缓也。《诗》云：'昼尔于茅，宵尔索绹；亟其乘屋，其始播百谷。'民之为道也，有恒产者有恒心，无恒产者无恒心。苟无恒心,放辟邪侈,无不为已。及陷乎罪,然后从而刑之,是罔民也。焉有仁人在位,罔民而可为也?是故贤君必恭俭礼下,取于民有制。阳虎曰:'为富不仁矣,为仁不富矣。'夏后氏五十而贡,殷人七十而助,周人百亩而彻,其实皆什一也。彻者,彻也;助者,藉也。龙子曰:'治地莫善于助,莫不善于贡。贡者,校数岁之中以为常。乐岁,粒米狼戾,多取之而不为虐,则寡取之;凶年,粪其田而不足,则必取盈焉。为民父母,使民盼盼然,将终岁勤动,不得以养其父母,又称贷而益之。使老稚转乎沟壑,恶在其为民父母也?'夫世禄,滕固行之矣。《诗》云:'雨我公田,遂及我私。'惟助为有公田。由此观之,虽周亦助也。设为庠序学校以教之:庠者,养也;校者,教也;序者,射也。夏曰校,殷曰序,周曰庠,学则三代共之,皆所以明人伦也。人伦明于上,小民亲于下。有王者起,必来取法,是为王者师也。《诗》云:'周虽旧邦,其命维新。'文王之谓也。子力行之,亦以新子之国!"使毕战问井地。孟子曰:"子之君将行仁政,选择而使子,子必勉之!夫仁政,必自经界始。经界不正,井地不钧,谷禄不平,是故暴君污吏必慢其经界。经界既正,分田制禄可坐而定也。夫滕,壤地褊小,将为君子焉,将为野人焉。无君子莫治野人,无野人莫养君子。请野九一而助,国中什一使自赋。卿以下必有圭田,圭田五十亩。余夫二十五亩。死徙无出乡,乡田同井。出入相友,守望相助,疾病相扶持,则百姓亲睦。方里而井,井九百亩,其中为公田。八家皆私百亩,同养公田。公事毕,然后敢治私事,所以别野人也。此其大略也。若夫润泽之,则在君与子矣。"

此章内容,有文献价值。一曰贡、助、彻之法,孟子言之綦详;二曰井田制似非出于孟子之理想,而自西周以来诸侯确有行之者。惟战国时代已废弛不行。秦自商鞅全盘改制,不待言矣;即诸侯战乱频仍,互相蚕食,自然无从推行,惟孟子于其制犹得言之耳。滕为小国,又在山东平原,井田或可恢复。然强邻虎视眈眈,亦未必能持之以久,行之有效耳。

有为神农之言者许行,自楚之滕,踵门而告文公曰:"远方之人闻君行仁政,愿受一廛而为氓。"文公与之处,其徒数十人,皆衣褐,捆屦、织席以为食。陈良之徒陈相与其弟辛,负耒耜而自宋之滕,曰:"闻君行圣人之政,是亦圣人也,愿为圣人氓。"陈相见许行而大悦,尽弃其学而学焉。陈相见孟子,道许行之言曰:"滕君,则诚贤君也;虽然,未闻道也。贤者与民并耕而食,饔飧而治。今也滕有仓廪府库,则是厉民而以自养也,恶得贤?"孟子曰:"许子必种粟而后食乎?"曰:"然。""许子必织布然后衣乎?"曰:"否。许子衣褐。""许子冠乎?"曰:"冠。"曰:"奚冠?"曰:"冠素。"曰:"自织之与?"曰:"否。以粟易之。"曰:"许子奚为不自织?"曰:"害于耕。"曰:"许子以釜甑爨,以铁耕乎?"曰:"然。""自为之与?"曰:"否。以粟易之。""以粟易械器者,不为厉陶冶;陶冶亦以其械器易粟者,岂为厉农夫哉?且许子何不为陶冶,舍皆取诸其宫中而用之?何为纷纷然与百工交易?何许子之不惮烦?"曰:"百工之事,固不可耕且为也。""然则治天下独可耕且为与?有大人之事,有小人之事。且一人之身,而百工之所为备。如必自为而后用之,是率天下而路也。故曰:或劳心,或劳力;劳心者治人,劳力者治于人;治于人者食人,治人者食于人,天下之通义也。"

当尧之时，天下犹未平，洪水横流，泛滥于天下。草木畅茂，禽兽繁殖，五谷不登，禽兽逼人，兽蹄鸟迹之道，交于中国。尧独忧之，举舜而敷治焉。舜使益掌火，益烈山泽而焚之，禽兽逃匿。禹疏九河，瀹济、漯，而注诸海；决汝、汉，排淮、泗，而注之江，然后中国可得而食也。当是时也，禹八年于外，三过其门而不入，虽欲耕，得乎？后稷教民稼穑、树艺五谷，五谷熟而民人育。人之有道也，饱食、暖衣、逸居而无教，则近于禽兽。圣人有忧之，使契为司徒，教以人伦：父子有亲，君臣有义，夫妇有别，长幼有叙，朋友有信。放勋曰：'劳之来之，匡之直之，辅之翼之，使自得之，又从而振德之。'圣人之忧民如此，而暇耕乎？尧以不得舜为己忧，舜以不得禹、皋陶为己忧。夫以百亩之不易为己忧者，农夫也。分人以财谓之惠，教人以善谓之忠，为天下得人者谓之仁。是故以天下与人易，为天下得人难。孔子曰：'大哉尧之为君！惟天为大，惟尧则之，荡荡乎民无能名焉！君哉舜也！巍巍乎有天下而不与焉！'尧舜之治天下，岂无所用其心哉？亦不用于耕耳。

吾闻用夏变夷者，未闻变于夷者也。陈良，楚产也。悦周公、仲尼之道,北学于中国。北方之学者,未能或之先也。彼所谓豪杰之士也。子之兄弟事之数十年,师死而遂倍之。昔者孔子没,三年之外,门人治任将归,入揖于子贡,相向而哭,皆失声,然后归。子贡反,筑室于场,独居三年,然后归。他日,子夏、子张、子游以有若似圣人,欲以所事孔子事之,强曾子。曾子曰:'不可。江、汉以濯之,秋阳以暴之,皜皜乎不可尚已。'今也南蛮鴃舌之人,非先王之道,子倍子之师而学之,亦异于曾子矣。吾闻出于幽谷迁于乔木者,未闻下乔木而入于幽谷者。《鲁颂》曰:'戎狄是膺,荆舒是惩。'周公方且膺之,子是之学,亦为不善变矣。""从许子之道,则市贾不贰,国中无伪。虽使五尺之童适市,莫之或欺。布帛长短同,则贾相若;麻缕丝絮轻重同,则贾相若;五谷多寡同,则贾相若;屦大小同,则贾相若。"曰:"夫物之不齐,物之情也;或相倍蓰,或相什百,或相千万。子比而同之,是乱天下也。巨屦小屦同贾,人岂为之哉?从许子之道,相率而为伪者也,恶能治国家?"

此章为《孟子》七篇中之最可称道者,以篇幅较长,故分段言之。仆尝面受《论语》樊迟请学稼章之义于先师俞平伯先生。先生曰："樊迟所欲学，盖神农之言如战国许行之说，其意亦主君臣并耕耳。"故孔子有"小人哉，樊须也"之叹。退而检古今治《论语》诸家之著述，释此章作如是解者大有人在，已详拙著《论语丛札》，兹不赘。平伯师又曰："《宪问》篇南宫适言禹稷躬稼而有天下，夫子不答。南宫适出，子曰：'君子哉若人，尚德哉若人。'亦君臣并耕之义。特适举禹稷而言之，二人者皆所谓古之圣王，孔氏自不能明斥其非，故拒不作答耳。"今按，此说是也。然孔子称南宫适为尚德君子，窃以为当别有说。盖南宫适之言，以羿奡与禹稷对举，羿奡为残贼之人，禹稷则不辞辛劳而躬亲为爱民之行，则此贤不肖之殊昭昭然。南宫适自是君子尚德之言，一也。禹之治水，后稷之教民稼穑，皆在为君长之前，有功于民，故民拥戴之。及其为君长，犹惠泽及于民，所谓民到于今受其赐是也。故孔子许南宫适为尚德君子，而讥樊迟为小人，二也。至于许行之说，则主后世之为君者必躬稼而后可，且不得积粟与货于仓廪府库，是欲废社会分工而强合劳心劳力两者为一，其与后世小农平均主义思想一脉相承，则无异于使社会倒退至原始时代，故孟子得而讥斥之。劳心劳力之分，历千载而犹存；今之所以不同于古者，劳心者不得为特权享有者，以陵驾于劳力者之上耳。孟子所谓"治于人者食人，治人者食于人"宜以平等观相对视之，不得高踞于上。故孟子又以"民为贵君为轻"补充强调言之，读者正不可断章取义也。又"舍皆取诸宫中"句之舍，据章炳麟《新方言》，释为今山东方言之啥，犹言甚么。其义至确，谨识于此。

此孟子以己之历史观驳许行也。许行号称神农之言，其说盖欲先于自黄帝以来之时代，至少亦与黄帝时代为同一历史阶段。以神农或谓即炎帝，而炎帝部族后即为黄帝所吞并。而孟子之史观则以尧舜为有史之始。然即以孟子之史观言之，当时之为君长者，亦须事必躬亲，率其部族之人共同向洪荒之大自然奋斗，否则必无以生存。此与后世所谓天王或天子之坐享其成者迥不相侔。然则许行之说，乃欲复远古时代，君、臣、民、奴之等级尚未分明，故君臣必并耕始可生存也。即使如此，当时之为君长者亦须与臣民有所分工，不能劳心劳力兼顾。此孟子之所以立于不败之地，而许行之说必不能行于后世也。西汉人以黄老相提并论，是也；后之人以老庄相提并论，则非是。已故周绍良先生有专文辨老庄非一派，正谓庄子为反对老子者，其言极是。若许行之说,则视黄老更为倒退,故战国以后即泯然失传矣。

此段所论有两事。一论师生之谊,一驳许行商品观点。师生之谊,不在五伦之内。因知此种人际关系始于晚周,如仲尼、墨翟,皆私家授徒,在当时为新生事物。孔子以德化人,视诸门人亦如家人子弟,而诸弟子事师如父,师生间有亲情在焉。后世有"一日为师,终身为父"及"师徒如父子"之说。墨翟于其弟子则严立法规,如三军之有将帅与士卒。此两种模式皆沿袭至今。孟子去仲尼未远,故述孔门弟子依恋乃师之情如绘。此自非陈相辈所能体会。至于许行主以物易物,犹上古日中为市之风。而战国时货币已流通,不能仅以物量相等计值,而须以质之优劣论价。后世讥孟子巨屦小屦同价之言为答非所问,此诚出语有误;然孟子之意乃指日用百物须视其质之高下与量之多寡计值,不得优劣大小不分。今日犹存重量化而不论质之优劣,诚属明显倒退,而主其事者犹沾沾自喜,以此为划一之律,是直承许行之衣钵而不免为辩证唯物论者所讥矣。可胜叹哉!

墨者夷之,因徐辟而求见孟子。孟子曰:"吾固愿见,今吾尚病,病愈,我且往见。"夷子不来。他日又求见孟子。孟子曰:"吾今则可以见矣。不直,则道不见,我且直之。吾闻夷子墨者,墨之治丧也,以薄为其道也。夷子思以易天下,岂以为非是而不贵也?然而夷子葬其亲厚,则是以所贱事亲也。"徐子以告夷子。夷子曰:"儒者之道,古之人'若保赤子',此言何谓也?之则以为爱无差等,施由亲始。"徐子以告孟子。孟子曰:"夫夷子,信以为人之亲其兄之子为若亲其邻之赤子乎?彼有取尔也。赤子匍匐将入井,非赤子之罪也。且天之生物也,使之一本,而夷子二本故也。盖上世尝有不葬其亲者。其亲死,则举而委之于壑。他日过之,狐狸食之,蝇蚋姑嘬之。其颡有泚,睨而不视。夫泚也,非为人泚,中心达于面目,盖归反虆梩而掩之。掩之诚是也,则孝子仁人之掩其亲,亦必有道矣。"徐子以告夷子。夷子怃然为间曰:"命之矣。"

前章辟许行,此章则辟墨也。夷之墨者,宜主薄葬,而厚葬其亲。所谓"二本"者指此,即今所谓双重标准也。以薄葬求诸人,而以厚葬行于己,即典型两重标准也。今之人每躬自薄而厚责于人,己行专制而讥人不民主,皆二本之谓。读此章,可悟今世之悖于辩证之理者正大有人在。

卷六　滕文公下

陈代曰:"不见诸侯,宜若小然;今一见之,大则以王,小则以霸。且《志》曰'枉尺而直寻',宜若可为也。"孟子曰:"昔齐景公田,招虞人以旌,不至,将杀之。志士不忘在沟壑,勇士不忘丧其元。孔子奚取焉?取非其招不往也。如不待其招而往,何哉?且夫枉尺而直寻者,以利言也。如以利,则枉寻直尺而利,亦可为与?昔者赵简子使王良与嬖奚乘,终日而不获一禽。嬖奚反命曰:'天下之贱工也。'或以告王良。良曰:'请复之。'强而后可,一朝而获十禽。嬖奚反命曰:'天下之良工也。'简子曰:'我使掌与女乘。'谓王良。良不可,曰:'吾为之范我驰驱,终日不获一;为之诡遇,一朝而获十。《诗》云:"不失其驰,舍矢如破。"我不贯与小人乘,请辞。'御者且羞与射者比,比而得禽兽,虽若丘陵,弗为也。如枉道而从彼,何也?且子过矣,枉己者,未有能直人者也。"

此章宜与下章同读。孟子游梁游齐,非"不见诸侯"也。及去梁去齐之后,知其道不可行,遂不再远游,故有陈代之问。实则孟子之于齐宣王,正惟不枉己,始决意去之。所谓"浩然有归志"者,盖不欲枉尺直寻,矧枉寻直尺乎。下章言"不得志独行其道",是孟子不欲随波逐流,枉己而事诸侯,"以顺为正"也。

景春曰:"公孙衍、张仪岂不诚大丈夫哉?一怒而诸侯惧,安居而天下熄。"孟子曰:"是焉得为大丈夫乎?子未学礼乎?丈夫之冠也,父命之;女子之嫁也,母命之,往送之门,戒之曰:'往之女家,必敬必戒,无违夫子!'以顺为正者,妾妇之道也。居天下之广居,立天下之正位,行天下之大道。得志与民由之,不得志独行其道。富贵不能淫,贫贱不能移,威武不能屈。此之谓大丈夫。"

此章辟纵横家以游说诸侯为业,视张仪辈如妾妇之流。古代宗法社会,有男女不平等之现象,孟子之言诚所谓有局限性;然必"居广居""立正位","得志与民由之",此正孟子言必称尧舜,乃所愿则学孔子之一贯主张。亦以见孟子之养气非浮夸泛泛之言。夫富贵不能淫,贫贱不能移,威武不能屈,非大勇大智者不能为。故仆以为养气必先养勇也。

周霄问曰:"古之君子仕乎?"孟子曰:"仕。《传》曰:'孔子三月无君,则皇皇如也,出疆必载质。'公明仪曰:'古之人三月无君则吊。'""三月无君则吊,不以急乎?"曰:"士之失位也,犹诸侯之失国家也。《礼》曰:'诸侯耕助,以供粢盛;夫人蚕缫,以为衣服。牺牲不成,粢盛不洁,衣服不备,不敢以祭。惟士无田,则亦不祭。'牲杀、器皿、衣服不备,不敢以祭,则不敢以宴,亦不足吊乎?""出疆必载质,何也?"曰:"士之仕也,犹农夫之耕也,农夫岂为出疆舍其耒耜哉?"曰:"晋国亦仕国也,未尝闻仕如此其急。仕如此其急也,君子之难仕,何也?"曰:"丈夫生而愿为之有室,女子生而愿为之有家。父母之心,人皆有之。不待父母之命、媒妁之言,钻穴隙相窥,逾墙相从,则父母国人皆贱之。古之人未尝不欲仕也,又恶不由其道。不由其道而往者,与钻穴隙之类也。"

此章盖孟子欲解决既强调士之急于仕而又难于仕乃至不见诸侯之矛盾也。孟子殆谓己亦未尝不欲仕,又恶仕不由其道,故宁可不见诸侯,不欲效钻穴隙之男女。以上三章皆宜连读互参,其义始完备。

彭更问曰:"后车数十乘,从者数百人,以传食于诸侯,不以泰乎?"孟子曰:"非其道,则一箪食不可受于人;如其道,则舜受尧之天下,不以为泰,子以为泰乎?"曰:"否。士无事而食,不可也。"曰:"子不通功易事,以羡补不足,则农有余粟,女有余布;子如通之,则梓匠轮舆皆得食于子。于此有人焉,入则孝,出则悌,守先王之道,以待后之学者,而不得食于子。子何尊梓匠轮舆而轻为仁义者哉?"曰:"梓匠轮舆,其志将以求食也;君子之为道也,其志亦将以求食与?"曰:"子何以其志为哉?其有功于子,可食而食之矣。且子食志乎?食功乎?"曰:"食志。"曰:"有人于此,毁瓦画墁,其志将以求食也,则子食之乎?"曰:"否。"曰:"然则子非食志也,食功也。"

此彭更公然批评孟子无事而食,以不仕之人而犹能不虞衣食,未免有不劳而获之嫌。孟子则强调己乃守先王之道,以仁义教人,非不劳而食者。故为政者必尊重人才、尊重知识,以储有用之士,国家乃可强盛。不得目光短浅,以为治人文科学之知识分子不能收立竿见影之效,遂从而轻慢之。国家所以发达富强而不失其本身之文化底蕴,正在其为政者有远见也。孟子"食功"之说,不宜理解为狭隘之功利主义,则可以正风矫俗矣。

万章问曰:"宋,小国也。今将行王政,齐楚恶而伐之,则如之何?"孟子曰:"汤居亳,与葛为邻,葛伯放而不祀。汤使人问之曰:'何为不祀?'曰:'无以供牺牲也。'汤使遗之牛羊。葛伯食之,又不以祀。汤又使人问之曰:'何为不祀?'曰:'无以供粢盛也。'汤使亳众往为之耕,老弱馈食。葛伯率其民,要其有酒食黍稻者夺之,不授者杀之。有童子以黍肉饷,杀而夺之。《书》曰:'葛伯仇饷。'此之谓也。为其杀是童子而征之,四海之内皆曰:'非富天下也,为匹夫匹妇复仇也。'汤始征,自葛载,十一征而无敌于天下。东面而征,西夷怨;南面而征,北狄怨,曰:'奚为后我?'民之望之,若大旱之望雨也。归市者弗止,芸者不变,诛其君,吊其民,如时雨降。民大悦。《书》曰:'徯我后,后来其无罚!''有攸不惟臣,东征,绥厥士女,匪厥玄黄,绍我周王见休,惟臣附于大邑周。'其君子实玄黄于匪以迎其君子,其小人箪食壶浆以迎其小人,救民于水火之中,取其残而已矣。《太誓》曰:'我武惟扬,侵于之疆,则取于残,杀伐用张,于汤有光。'不行王政云尔,苟行王政,四海之内皆举首而望之,欲以为君,齐楚虽大,何畏焉?"

此章有二义。夫弱国欲有以图自强,而强邻恶而伐之,将如何应对。万章所问,其时宋尚未行王政,而强者尚未伐之也。故孟子于篇末答以"不行王政云尔,苟行王政,四海之内皆举首而望之,欲以为君,齐楚虽大,何畏焉?"此一义也。至孟子所举汤之征葛与周武王之伐纣,则为另一义,即古所谓汤武革命,吊民伐罪是也。然吊民伐罪与干涉别国内政不同,是以孟子之前提为"非富天下也,为匹夫匹妇复仇也"及"救民于水火之中,取其残而已矣"。然今之强者侵凌弱者,往往借口为吊民伐罪,其实则干涉内政。故欲求外患不侵,执国柄者必先使民丰农足食,富国强兵,足以御外侮。仆所以深许孔子所言"足食,足兵,民信之矣"为治国之良策也。如不能取信于民,则外患未来,民心已先涣散,虽有坚甲利兵,亦难免临于劫难。以史为鉴,此为最要。

儒家之理想社会,一曰尧舜禅让,一曰汤武革命。然禅让为原始社会之部落酋长更代制,而汤武革命则新统治者以武力征服旧统治者,未必果行仁政而得天下也。孔孟诚有民本思想,然于尧舜汤武,皆不免以心目中之理想统治者而予以美化之,如《诗》《书》所载,即孟子亦坦言"尽信《书》则不如无《书》"也。后世之具卓识远见者已于此有所察觉,其贤者则直言"薄汤武而非周孔",不贤者则含蓄而言"舜禹之事吾知之矣"。然历史之演变,必有因果关系,如孔子所谓"殷因于夏礼,所损益可知也",此中即有辩证法在。夫汤武之所以得天下,在于桀纣之先失民心。武力征服为外因,失民心则内因也。民心之外,以文字为鼓吹亦大有关系。今所谓宣传作用,即舆论导向是也。后世之具卓识远见者于此亦有所察觉,其贤者竟坦言古今史籍皆非实录;而治史者必具直笔,乃可昭忠信于后世也。仆于古今史籍虽持怀疑态度,然深信历史真相终必有大白于天下之一日。此不必待董狐再世,而司马昭之心,终有路人皆知之时。此历史唯物辩证法之规律,不以个人意志为转移者也。为政执国柄者倘有鉴于斯,与其襮其恶于后世,何如行其善于当时?遵纪守法之人,果有益于世道人心,则虽千载之后,民亦不忘其德也。

孟子谓戴不胜曰:"子欲子之王之善与?我明告子。有楚大夫于此,欲其子之齐语也,则使齐人傅诸?使楚人傅诸?"曰:"使齐人傅之。"曰:"一齐人傅之,众楚人咻之,虽日挞而求其齐也,不可得矣;引而置之庄岳之间数年,虽日挞而求其楚,亦不可得矣。子谓薛居州,善士也,使之居于王所。在于王所者,长幼卑尊,皆薛居州也,王谁与为不善?在王所者,长幼卑尊,皆非薛居州也,王谁与为善?一薛居州,独如宋王何?"

此与下戴盈之章皆先秦绝佳杂文小品也。此章有二义。一、由于积重难返,一事之改易,须经潜移默化之功，而揠苗助长与急就成章皆无济于事。二、《楚辞》云："举世皆浊我独清，众人皆醉我独醒。"东方朔云："水至清则无鱼，人至察则无徒。"举世皆贪黩枉法之徒，一人独廉隅自守，势必不能久于位。矧法不责众，腐化易于滋生，如水流湿火就燥。一薛居州，其如滔滔者天下皆是何！孟子此章，正宜深味。

公孙丑问曰："不见诸侯，何义？"孟子曰："古者不为臣不见。段干木逾垣而辟之，泄柳闭门而不内，是皆已甚。迫，斯可以见矣。阳货欲见孔子而恶无礼，大夫有赐于士，不得受于其家，则往拜其门。阳货瞰孔子之亡也，而馈孔子蒸豚。孔子亦瞰其亡也，而往拜之。当是时，阳货先，岂得不见？曾子曰：'胁肩谄笑，病于夏畦。'子路曰：'未同而言，观其色赧赧然，非由之所知也。'由是观之，则君子之所养可知已矣。"

此章可与本篇首章陈代所问参看。彼章孟子着重在名分，此章则着重在立身人品。彼章是就客观环境言，此章则就主观修养言之。观其引曾子、子路之言可知。要皆归于君子与小人之判。

戴盈之曰:"什一,去关市之征,今兹未能。请轻之,以待来年,然后已,何如?"孟子曰:"今有人日攘其邻之鸡者,或告之曰:'是非君子之道。'曰:'请损之,月攘一鸡,以待来年,然后已。'如知其非义,斯速已矣,何待来年?"

朱元璋所讥"邻家那有许多鸡"即此章也。刁包《四书翊注》释《论语》"过则勿惮改"句有云:"'惮'字有数意:或濡忍而不断,或系恋而不肯舍,或吝惜己力,或避讳人知,皆惮也。"刁氏所言诸病,要皆出于一己之私心而已。孟子所谓"如知其非义,斯速已矣",诚知之非艰而行之维艰者! 足见改而从善之难。"知耻近乎勇",洵不虚也。

公都子曰:"外人皆称夫子好辩,敢问何也?"孟子曰:"予岂好辩哉? 予不得已也。天下之生久矣,一治一乱。当尧之时,水逆行,泛滥于中国。蛇龙居之,民无所定。下者为巢,上者为营窟。《书》曰:'洚水警余。'洚水者,洪水也。使禹治之,禹掘地而注之海,驱蛇龙而放之菹。水由地中行,江、淮、河、汉是也。险阻既远,鸟兽之害人者消,然后人得平土而居之。尧舜既没,圣人之道衰。暴君代作,坏宫室以为污池,民无所安息;弃田以为园囿,使民不得衣食。邪说暴行又作,园囿、污池、沛泽多而禽兽至。及纣之身,天下又大乱。周公相武王,诛纣伐奄,三年讨其君,驱飞廉于海隅而戮之。灭国者五十,驱虎、豹、犀、象而远之。天下大悦。《书》曰:'丕显哉,文王谟!丕承哉,武王烈!佑启我后人,咸以正无缺。'世衰道微,邪说暴行有作,臣弑其君者有之,子弑其父者有之。孔子惧,作《春秋》。《春秋》,天子之事也。是故孔子曰:'知我者其惟《春秋》乎!罪我者其惟《春秋》乎!'圣王不作,诸侯放恣,处士横议,杨朱、墨翟之言盈天下。天下之言,不归杨,则归墨。杨氏为我,是无君也;墨氏兼爱,是无父也。无父无君,是禽兽也。公明仪曰:'庖有肥肉,厩有肥马;民有饥色,野有饿莩,此率兽而食人也。'杨墨之道不息,孔子之道不著,是邪说诬民,充塞仁义也。仁义充塞,则率兽食人,人将相食。吾为此惧,闲先圣之道,距杨墨,放淫辞,邪说者不得作。作于其心,害于其事;作于其事,害于其政。圣人复起,不易吾言矣。昔者禹抑洪水而天下平,周公兼夷狄、驱猛兽而百姓宁,孔子成《春秋》而乱臣贼子惧。《诗》云:'戎狄是膺,荆舒是惩,则莫我敢承。'无父无君,是周公所膺也。我亦欲正人心,息邪说,距诐行,放淫辞,以承三圣者,岂好辩哉?予不得已也。能言距杨墨者,圣人之徒也。"

此章与养气章、许行章皆孟子诸篇中之重点。此章有两点可谈。一、"一治一乱"说是否为历史循环论?二、孟子辟杨墨,似是当时思想领域中大事,孟子称"杨朱、墨翟之言盈天下""杨墨之道不息,孔子之道不著""能言距杨墨者,圣人之徒也",其意若曰,杨墨之说横行,犹洪水泛滥、率兽食人,其为淫辟邪说,竟与乱臣贼子相提并论。然回溯先秦诸子发展轨迹,墨子影响虽大,似亦未至盈天下;至杨朱之说倘非晋人所传之《列子》,略存其流风遗韵,竟尔无传。其故何也?仆曰:"一治一乱"说非历史循环论,孟子但据其所知之史实胪列古今之变耳。若"合久必分,分久必合"始近于循环论也。至于杨墨之道,秦汉以来竟渐失传者,非孟子辞而辟之之功,乃秦始皇禁毁诗书百家言之效,韩非所谓"儒以文乱法而侠以武犯禁"者,"侠"即墨家之遗也。

儒家之所以未尽失传者,以汉人补苴罅漏之功;道家之所以未坠其绪,亦缘韩非之学本之于五千言,而西汉又尚黄老之术,终致未失传耳。刺客游侠之流,至西汉已渐遭时忌,为之张目者惟史迁而已。

孟子此章最大特点,在于阐释并强调学术与政治之关系及学术对政治之作用。孟子为孔子仁义学说张目,不惟启韩非、李斯之说为秦统一推行专制暴行提供理论基础,抑且为汉武帝罢黜百家独尊儒术形成舆论导向。所不同者,先秦学者大抵主张学术影响政治,而后世统治者则坚持政治须干涉学术而已。今人每主张学术宜与政治脱钩,不知使二者挂钩者亦有儒家重要传人孟轲与荀况在内也。惟秦之焚书坑儒为极端,汉之独尊儒术则较温和耳。战国时之百家争鸣,实今日主张学术民主自由之先河;而"百花齐放"云者,实主张文化艺术自由开放之号召。然争鸣与齐放,亦须遵守规范与符合其本身之发展规律,今俗所谓"游戏规则"是也。且学术与艺术,皆应具有高品位与高水平,乃于人类社会有所裨益。而所谓争鸣,所争之内容往往似是而非而形成学术垃圾;所谓齐放,又往往以不伦不类之物冒充艺术创新。此或即孟子之"正人心,息邪说,距诐行,放淫辞"之不得不尔欤?

匡章曰:"陈仲子岂不诚廉士哉?居于陵,三日不食,耳无闻,目无见也。井上有李,螬食实者过半矣,匍匐往将食之,三咽,然后耳有闻,目有见。"孟子曰:"于齐国之士,吾必以仲子为巨擘焉。虽然,仲子恶能廉?充仲子之操,则蚓而后可者也。夫蚓,上食槁壤,下饮黄泉。仲子所居之室,伯夷之所筑与?抑亦盗跖之所筑与?所食之粟,伯夷之所树与?抑亦盗跖之所树与?是未可知也。"曰:"是何伤哉?彼身织屦,妻辟纑,以易之也。"曰:"仲子,齐之世家也。兄戴,盖禄万钟。以兄之禄为不义之禄而不食也,以兄之室为不义之室而不居也,辟兄离母,处于于陵。他日归,则有馈其兄生鹅者,己频顣曰:'恶用是鶂鶂者为哉?'他日,其母杀是鹅也,与之食之。其兄自外至,曰:'是鶂鶂之肉也。'出而哇之。以母则不食,以妻则食之;以兄之室则弗居,以于陵则居之。是尚为能充其类也乎?若仲子者,蚓而后充其操者也。"

此章讥伪廉士,亦即讥伪善者。故作清高以沽名钓誉者,今犹比比皆是也。陈仲子盖典型人物矣。

卷七 离娄上

孟子曰："离娄之明,公输子之巧,不以规矩,不能成方员;师旷之聪,不以六律,不能正五音;尧舜之道,不以仁政,不能平治天下。今有仁心仁闻而民不被其泽,不可法于后世者,不行先王之道也。故曰:徒善不足以为政,徒法不能以自行。《诗》云:'不愆不忘,率由旧章。'遵先王之法而过者,未之有也。圣人既竭目力焉,继之以规矩准绳,以为方员平直,不可胜用也;既竭耳力焉,继之以六律,正五音,不可胜用也;既竭心思焉,继之以不忍人之政,而仁覆天下矣。故曰:为高必因丘陵,为下必因川泽。为政不因先王之道,可谓智乎?是以惟仁者宜在高位。不仁而在高位,是播其恶于众也。上无道揆也，下无法守也，朝不信道，工不信度，君子犯义，小人犯刑，国之所存者幸也。故曰：城郭不完，兵甲不多，非国之灾也；田野不辟，货财不聚，非国之害也。上无礼，下无学，贼民兴，丧无日矣。《诗》曰：'天之方蹶，无然泄泄。'泄泄，犹沓沓也。事君无义，进退无礼，言则非先王之道者，犹沓沓也。故曰：责难于君谓之恭，陈善闭邪谓之敬，吾君不能谓之贼。"

此篇凡二十八章，近半数皆言为政者应如何治国，故为政者宜熟读此篇。《朱子语类》于此篇言之尤详，视《集注》尤为深切著明。如此章论"上无道揆，下无法守"二句云："上无道揆则下无法守。倘上无道揆，则下虽有奉法守一官者，亦将不能用而去之矣。"又如论"朝不信道，工不信度"二句云："信，如凭信之'信'。此理只要人信得及，自然依那个行，不敢逾越。惟其不信，所以妄作。如胥吏分明知得条法，只是他冒法以为奸，便是不信度也。"又如论"上无礼，下无学"云："此学谓国之俊秀者。前面'工'，是百官守法度者。此'学'字，是责学者之事。惟上无教，下无学，所以不好之人并起而居高位，执进退黜陟之权，尽做出不好事来，则国之丧亡无日矣,所以谓之'贼民'。蠹国害民,非贼而何!"又云:"宾师不以趋走承顺为恭,而以责难陈善为敬;人君不以崇高富贵为重,而以贵德尊士为贤,则上下交而德业成矣。"皆金石良言也。此章陈义至高,不得以孟子引《诗》"率由旧章"云云便讥之为落后保守。其要害乃在"徒善不足以为政,徒法不能以自行"二句,指出即使依法治国,倘执法者非其人,法亦不能自行也。孟子又曰:"惟仁者宜在高位,不仁而在高位,是播其恶于众也。"此二句似平列,而关键乃在下句。已在高位而不行仁政,岂惟播其恶于众,民将无以为生,而国且无宁日矣。章之末句"吾君不能谓之贼",犹斥陈贾之逢君之恶,在为臣者则无耻,在为君者则贼民者也,国之危亡指日可待矣。至于"责难于君""陈善闭邪"云云,在专制社会,为臣敢于如此者几人?即在现代社会,批评与自我批评之难于推广,在下位者又有几人敢向在上者直言欤?故孟子之言,绝非危言耸听也。

孟子曰:"规矩,方员之至也;圣人,人伦之至也。欲为君,尽君道;欲为臣,尽臣道。二者皆法尧舜而已矣。不以舜之所以事尧事君,不敬其君者也;不以尧之所以治民治民,贼其民者也。孔子曰:'道二,仁与不仁而已矣。'暴其民甚,则身弑国亡;不甚,则身危国削,名之曰'幽''厉',虽孝子慈孙,百世不能改也。《诗》云:'殷鉴不远,在夏后之世。'此之谓也。"

姚永概谓此章似与上章当合为一,文字乃为完密。恐是分章时误断,而以"孟子曰"为衍文。此章孟子言"暴其民甚,则身弑国亡;不甚,则身危国削,名之曰'幽''厉'",可与"民为贵,社稷次之,君为轻"相比照而读,其义自见。

孟子曰:"三代之得天下也以仁,其失天下也以不仁。国之所以废兴存亡者亦然。天子不仁,不保四海;诸侯不仁,不保社稷;卿大夫不仁,不保宗庙;士庶人不仁,不保四体。今恶死亡而乐不仁,是犹恶醉而强酒。"

孟子言:"今恶死亡而乐不仁,是犹恶醉而强酒。"然《左传》言"宴安鸩毒",正惟在位者耽于宴安享乐,而不以荒淫酗酒为死亡之阶,故民终其身不能逃于水深火热之中也。

孟子曰:"爱人不亲,反其仁;治人不治,反其智;礼人不答,反其敬。行有不得者,皆反求诸己,其身正而天下归之。《诗》云:'永言配命,自求多福。'"

此章点睛之笔在"行有不得者皆反求诸己"一句。正惟今人不能躬自厚而薄责于人,是以天下多事也。

孟子曰:"人有恒言,皆曰'天下国家'。天下之本在国,国之本在家,家之本在身。"

此章即《礼记·大学篇》"修齐治平"说之张本。

孟子曰:"为政不难,不得罪于巨室。巨室之所慕,一国慕之;一国之所慕,天下慕之;故沛然德教溢乎四海。"

此章言"不得罪于巨室",似可商榷。故朱熹《集注》于此多所阐释,且引林氏曰:"战国之世,诸侯失德,巨室擅权,为患甚矣。然或者不修其本而遽欲胜之,则未必能胜而适以取祸。故孟子推本而言,惟务修德以服其心。彼既悦服,则吾之德教无所留碍,可以及乎天下矣。"小如按:所谓巨室,有类乎今之特权阶级。特权阶级既已形成,自不宜强硬对待,使之与为政者呈对立状态,而事事对为政者掣肘。故必使巨室与执政者合作,且使之有所慕。此则在为政者是否能行德政。

孟子曰:"天下有道,小德役大德,小贤役大贤;天下无道,小役大,弱役强。斯二者天也,顺天者存,逆天者亡。齐景公曰:'既不能令,又不受命,是绝物也。'涕出而女于吴。今也小国师大国而耻受命焉,是犹弟子而耻受命于先师也。如耻之,莫若师文王。师文王,大国五年,小国七年,必为政于天下矣。《诗》云:'商之孙子,其丽不亿。上帝既命,侯于周服。侯服于周,天命靡常。殷士肤敏,祼将于京。'孔子曰:'仁不可为众也。夫国君好仁,天下无敌。'今也欲无敌于天下而不以仁,是犹执热而不以濯也。《诗》云:'谁能执热,逝不以濯?'"

此章要害在于方中原逐鹿之际,以"既不能令,又不受命"之心态最为尴尬。如以弱者自居,自当勉行仁政;仁固不可为众,然国君好仁,自然天下无敌。至于"既不能令,又不受命"者,其内心犹以强霸者自居,不肯行仁政耳。不行仁政而欲无敌于天下,则犹执热而不以濯也,其尴尬则与既不能令又不受命同矣。至于孟子引《诗》之言,其意虽彰文王之德,而殷亡屈事新朝之苦已不言而喻。读书当求言外之意。

孟子曰:"不仁者可与言哉?安其危而利其灾,乐其所以亡者。不仁而可与言,则何亡国败家之有?有孺子歌曰:'沧浪之水清兮,可以濯我缨;沧浪之水浊兮,可以濯我足。'孔子曰:'小子听之!清斯濯缨,浊斯濯足矣。自取之也。'夫人必自侮,然后人侮之;家必自毁,而后人毁之;国必自伐,而后人伐之。《太甲》曰:'天作孽,犹可违;自作孽,不可活。'此之谓也。"

此与下章,皆孟子为当时统治者所进之逆耳忠言也。引孺子之歌,殆谓孺子犹能辨清浊,而不仁者在位,竟"安其危而利其灾,乐其所以亡者",岂非自取之乎?下文"人必自侮,然后人侮之"三层,是内因为决定因素,其言颇具辩证法。即如明清两朝及近现代以来各种政权统治者,以至苏联与东欧诸国,其土崩瓦解之过程,何莫非自取灭亡之道耶!"自作孽,不可活",信然!

> 孟子曰:"桀纣之失天下也,失其民也;失其民者,失其心也。得天下有道:得其民,斯得天下矣;得其民有道:得其心,斯得民矣;得其心有道:所欲与之聚之,所恶勿施尔也。民之归仁也,犹水之就下、兽之走圹也。故为渊驱鱼者,獭也;为丛驱爵者,鹯也;为汤武驱民者,桀与纣也。今天下之君有好仁者,则诸侯皆为之驱矣。虽欲无王,不可得已。今之欲王者,犹七年之病求三年之艾也。苟为不畜,终身不得。苟不志于仁,终身忧辱,以陷于死亡。《诗》云'其何能淑,载胥及溺',此之谓也。"

此章明言民心向背决定统治政权兴衰得失。故为汤武驱民者乃桀纣也。夫汤武未必为仁义之师,而桀纣则置民于水火,故汤能代夏,周能代殷。此意仆已屡言之。而孟子则强调为君者必行仁政乃可得天下,"苟不志于仁,终身忧辱,以陷于死亡"。夫仁政谈何容易,为政者倘不以民为刍狗,使民得温饱,则已属太平盛世。仆生也晚,然已经历北洋政府、国民政府与社会主义制度下之人民政府三次政权变革。深感七年之病求三年之艾之大不易。今行将入土,愿子孙能见小康之世,于愿已足。

> 孟子曰:"自暴者,不可与有言也;自弃者,不可与有为也。言非礼义,谓之自暴也;吾身不能居仁由义,谓之自弃也。仁,人之安宅也;义,人之正路也。旷安宅而弗居,舍正路而不由,哀哉!"

今人理解自暴自弃,多指不求上进者自甘堕落,实太狭隘。其实为政者不励精图治,读书人不务求实学,孳孳为利者见利忘义,一切不择手段,但知追名逐利、贪赃枉法之徒,皆自甘暴弃者也。"旷安宅而弗居,舍正路而不由",即自暴自弃之谓。仆尝自省,自壮而老,历尽沧桑,一介书生,已无大志;能洁身自好,得保首领以殁,于愿已足。如以高标准绳之,其实犹自暴自弃也,于心能无愧疚乎?

孟子曰:"道在迩而求诸远,事在易而求诸难。人人亲其亲、长其长,而天下平。"

此即《礼记·大学篇》所谓"自天子以至于庶人,一是皆以修身为本"之义。惜知之虽易,行之维艰也。

孟子曰:"居下位而不获于上,民不可得而治也。获于上有道:不信于友,弗获于上矣。信于友有道:事亲弗悦,弗信于友矣。悦亲有道:反身不诚,不悦于亲矣。诚身有道:不明乎善,不诚其身矣。是故诚者,天之道也;思诚者,人之道也。至诚而不动者,未之有也;不诚,未有能动者也。"

此章孟子特拈出一"诚"字。今人见利忘义,"反身不诚",于是天下从此多事。朱熹《集注》以为此章述《中庸》孔子之言,且与《大学》相表里,是也。

孟子曰:"伯夷辟纣,居北海之滨,闻文王作,兴曰:'盍归乎来!吾闻西伯善养老者。'太公辟纣,居东海之滨,闻文王作,兴曰:'盍归乎来!吾闻西伯善养老者。'二老者,天下之大老也,而归之,是天下之父归之也。天下之父归之,其子焉往?诸侯有行文王之政者,七年之内,必为政于天下矣。"

《朱子语类》于伯夷之行,师弟子之间有议论。或以伯夷为中立而不倚,实则《孟子》此章不免断章取义,未若《史记·伯夷列传》所记全面。故朱子云:"盖初闻文王而归之,及武王伐纣而去之,遂不食周粟,此可以见其不倚也。"

孟子曰:"求也为季氏宰,无能改于其德,而赋粟倍他日。孔子曰:'求非我徒也,小子鸣鼓而攻之可也。'由此观之,君不行仁政而富之,皆弃于孔子者也。况于为之强战?争地以战,杀人盈野;争城以战,杀人盈城。此所谓率土地而食人肉,罪不容于死。故善战者服上刑,连诸侯者次之,辟草莱、任土地者次之。"

此章孟子极言战国时代杀人盈野盈城之弊,今日之好战者宜三复其言。战争之因由聚敛求富,故先引孔子斥冉求之语。至于"辟草莱、任土地"云云,如朱熹

《集注》之言,指从事生产若李悝、商鞅之行,则孟子不免失于保守。若指开拓疆土以侵犯弱者,则孟子之言是也,亦战国时代强侵弱、众暴寡之现实也。及资本主义社会,殖民统治大行其时,则孟子之言乃不幸而言中,可谓有预见性矣。

> 孟子曰:"存乎人者,莫良于眸子。眸子不能掩其恶。胸中正,则眸子瞭焉;胸中不正,则眸子眊焉。听其言也,观其眸子,人焉廋哉!"

今人每谓眼目为人之心灵窗口,殆非逞臆无据之谈。然孟子之言亦不免片面。惟孟子之观人,尚有听其言之一面,不独观其眸子而已,不得谓为纯粹唯心主义。

> 孟子曰:"恭者不侮人,俭者不夺人。侮夺人之君,惟恐不顺焉,恶得为恭俭?恭俭岂可以声音笑貌为哉?"

恭俭岂可以声音笑貌为,是实对伪善者之针砭。今人则求其声音笑貌亦大不易,直以口出粗鄙不逊之言为尚,并伪善之面具亦弃之,是世风真不可救矣。

淳于髡曰:"男女授受不亲,礼与?"孟子曰:"礼也。"曰:"嫂溺,则援之以手乎?"曰:"嫂溺不援,是豺狼也。男女授受不亲,礼也;嫂溺,援之以手者,权也。"曰:"今天下溺矣,夫子之不援,何也?"曰:"天下溺,援之以道;嫂溺,援之以手。子欲手援天下乎?"

曩读此章,以为孟子强词夺理。及今反复诵之,始知孟子之言极为沉痛。天下溺矣,孟子非不知也;以其一人之力诚不能挽狂澜于既倒。故孟子答之如此。

公孙丑曰:"君子之不教子,何也?"孟子曰:"势不行也。教者必以正。以正不行,继之以怒;继之以怒,则反夷矣。'夫子教我以正,夫子未出于正也。'则是父子相夷也。父子相夷,则恶矣。古者易子而教之,父子之间不责善。责善则离,离则不祥莫大焉。"

此孟子之教育思想也,宜细玩之。就其实质言,不独在宗法社会，即在今日，子不遵父言，则父往往怒斥其子。父教子以正，此常情也。而为人父者未必事事能得其正，故其子每有反夷之行，父子相夷，则家庭不睦。故孟子力主父子之间不责善，以责善则离，而不祥莫大焉。是孟子未尝主张为父者教子必严也。且父有不正，子可以反质之，是孟子之意，已涵括父子之间应有平等之一面，子不必事事皆顺从其父之教也。《论语》一书，屡记孔子论孝之言。其答孟懿子，所谓"无违"，乃指无违于礼，即"生事之以礼，死葬之以礼，祭之以礼"之谓，非事事唯父命是从也。所谓"无改于父之道"，谓能继承父之遗志。其答子游，即明谓孝不止于养其口体，而须事父母以敬。其答子夏，则强调"色难"。凡此皆切中父子间关系之要害。初无所谓百依百顺之孝。矧以顺为正，孟子已斥为妾妇之道；可见孔孟之论孝，皆以父父、子子为主，即为人父者必须以身作则，然后可得人子之敬爱。父不正、不慈，难期子之必敬、必孝也。故孔孟之论孝，实得亲情之真谛，不得以其为数千年以前之言便妄议其非。至于"父为子纲"之说，其著录于文章者，皆在两汉时代，实独尊儒术后之专制思想，非先秦孔孟之本旨。故仆以为《孟子》此章宜深味之，即一家之中，父子之间，亦应以和为贵也。

孟子曰:"事孰为大?事亲为大;守孰为大?守身为大。不失其身而能事其亲者,吾闻之矣;失其身而能事其亲者,吾未之闻也。孰不为事?事亲,事之本也;孰不为守?守身,守之本也。曾子养曾晳,必有酒肉。将彻,必请所与。问:'有余?',必曰:'有。'曾晳死,曾元养曾子,必有酒肉。将彻,不请所与。问:'有余?'曰:'亡矣。'将以复进也。此所谓养口体者也。若曾子,则可谓养志也。事亲若曾子者,可也。"

此章正可与上章参读。孟子强调事亲不仅在于养口体而在养志,足可与孔子答子游、子夏论孝之言相表里。曾元之行,视今之不孝者亦大有足多矣,然孟子之于曾元,已近于诛心之论。赵岐之注与焦循之疏,于此章皆有发挥,不妨参看。

孟子曰:"人不足与适也,政不足与间也。惟大人为能格君心之非。君仁,莫不仁;君义,莫不义;君正,莫不正。一正君而国定矣。"

"政不足与间"句从朱熹说增"与"字。此章所谓"惟大人为能格君心之非",足见格君心之非实大非易事。自秦汉以来,能敢言直谏其君者已难得其人,而纳言从谏之君则更屈指可数。信乎专制社会之可憎而又可畏也。

孟子曰:"有不虞之誉,有求全之毁。"

此二语皆自省之词。意谓人之誉己,未必无溢美之言,不可便沾沾自喜。而人之嫉己,则往往求全责备,犹韩愈《原毁》所云:"举其一不计其十,究其旧不图其新。"已既被谤,宜躬自厚而薄责于人,不必斤斤计较。明乎是,可望头脑清醒而深加自律。

孟子曰:"人之易其言也,无责耳矣。"

此孟子于"易其言"之人深恶痛绝之言。"易其言"有二义。一是信口开河,不负责任;二是看风使舵,已无定见而但知随声附和。故孟子以为此种人品德已不足道,故不必深责之,实唾弃已极之词。

孟子曰:"人之患在好为人师。"

孔子屡言己"诲人不倦",似与孟子此言相矛盾。盖孟子之意,所谓"患"乃在一"好"字。好为人师者必自满自大,自以为是而傲视群伦。其为师也,非有奉献精神而喜人阿谀吹捧。如此为师,不独不能教学相长,且不足为人表率,故孟子患之。

乐正子从于子敖之齐。乐正子见孟子。孟子曰:"子亦来见我乎?"曰:"先生何为出此言也?"曰:"子来几日矣?"曰:"昔者。"曰:"昔者,则我出此言也,不亦宜乎?"曰:"舍馆未定。"曰:"子闻之也,舍馆定,然后求见长者乎?"曰:"克有罪。"

孟子谓乐正子曰:"子之从于子敖来,徒餔啜也。我不意子学古之道,而以餔啜也。"

姚永概以为"此两章当合为一"。子敖即王驩。孟子之言虽责乐正子,实恶其依附王驩也。餔啜犹言饮食,即今所谓混饭吃。孟子不愿其弟子学古之道而但图生计以奔走权门耳。

孟子曰:"不孝有三,无后为大。舜不告而娶,为无后也,君子以为犹告也。"

赵岐注曰:"于礼有不孝者三事:阿意曲从,陷亲不义,一也;家贫亲老,不为禄仕,二也;不娶无子,绝先祖祀,三也。"孟子以不娶无子为不孝之大者,盖就宗法社会立场言之。以今人立场言之,则陷亲不义乃不孝之最,此不可不辨者。

孟子曰:"仁之实,事亲是也;义之实,从兄是也。智之实,知斯二者弗去是也;礼之实,节文斯二者是也;乐之实,乐斯二者,乐则生矣;生则恶可已也,恶可已,则不知足之蹈之、手之舞之。"

《朱子语类》卷五十六释此章甚详,可参阅。今按,《语类》记朱熹解"实"字确有胜处,谓非名实与事实之"实",乃华实之"实"。盖言孟子之意,以仁义为根本,智与礼乐,皆自仁义生发而出,犹自核心发展为全面。及诸德具备,不独孝悌而已,扩而充之为仁民、爱物、尊贤、敬长,是由实而华矣,故不免手舞足蹈也。

孟子曰:"天下大悦而将归己,视天下悦而归己,犹草芥也,惟舜为然。不得乎亲,不可以为人;不顺乎亲,不可以为子。舜尽事亲之道而瞽瞍厎豫,瞽瞍厎豫而天下化,瞽瞍厎豫而天下之为父子者定,此之谓大孝。"

此章孟子强调舜不以天下大悦而归己为重,而以事亲尽孝为根本,犹上章以孝亲为实,而治天下乃水到渠成也。

卷八　离娄下

孟子曰："舜生于诸冯，迁于负夏，卒于鸣条，东夷之人也。文王生于岐周，卒于毕郢，西夷之人也。地之相去也，千有余里；世之相后也，千有余岁。得志行乎中国，若合符节。先圣后圣，其揆一也。"

此章犹言人皆可以为尧舜，不受地域环境及文化之限制。然《楚辞》记舜卒于苍梧九嶷，与此说异，可见上古传说之不同。然《离骚》中之舜乃文学形象或谓艺术形象，孟子所言之舜，乃圣人形象或谓文化形象耳。

子产听郑国之政，以其乘舆济人于溱、洧。孟子曰:"惠而不知为政。岁十一月徒杠成,十二月舆梁成,民未病涉也。君子平其政,行辟人可也,焉得人人而济之?故为政者,每人而悦之,日亦不足矣。"

"惠而不知为政",诚至理名言。然子产之以乘舆济人于溱、洧,亦未必为非。夫建桥梁修徒杠,子产未必不知其有利于民。然乘舆方到水边,见民众无以涉水,乃舍己之舆以济渡,足见子产之爱民,夫何责焉!且修桥梁须时日,必俟农闲始可用民力,孟子亦知之。故子产之惠民,救一时之急也;修桥梁以便民,长久之策也。两者并无矛盾。此犹今之国务院总理亲为农民工索欠也。如总理代每人而亲索欠,诚"日亦不足矣";倘迫在眉睫,为总理者以己之行动示范于群僚,然后制定法令督促而行之,岂亦惠而不知为政欤!所宜引为鉴戒者,群僚必待总理亲自垂范而后动,已失为政者之良知;矧法令既定,而欠债之弊历数年而犹未尽除,是则可悲矣。

孟子告齐宣王曰:"君之视臣如手足;则臣视君如腹心;君之视臣如犬马,则臣视君如国人;君之视臣如土芥,则臣视君如寇雠。"王曰:"礼,为旧君有服,何如斯可为服矣?"曰:"谏行言听,膏泽下于民;有故而去,则使人导之出疆,又先于其所往;去三年不反,然后收其田里。此之谓三有礼焉。如此,则为之服矣。今也为臣,谏则不行,言则不听,膏泽不下于民;有故而去,则君搏执之,又极之于其所往;去之日,遂收其田里。此之谓寇雠。寇雠何服之有?"

今人读此章,每盛赞孟子不讳"君视臣如土芥,臣视君如寇雠"之言。实则君臣之际,虽有等级差异,然而孟子当时已具敌对平等思想。此犹《邹与鲁哄》章,孟子谓有司不爱民,故民见死而不救,所谓"出尔反尔"是也。为君者不以君道视臣,则臣自不以臣道事君。矧物极必反,反则报之有过之而无不及,故以寇雠报土芥矣。且此章言君臣之际,有一重要环节,即为君者是否"谏行言听,膏泽下于民"是也。盖臣之事君,亦当以民生为本,非徒事诡谀,逢君之恶之谓。果如陈贾之徒,亦不足言为臣之道也。

孟子曰:"无罪而杀士,则大夫可以去;无罪而戮民,则士可以徙。"

盖古代无罪而杀士戮民之事,已屡见不鲜,故去者徙者必为无罪。惜去者徙者不多也。

> 孟子曰:"君仁,莫不仁;君义,莫不义。"
> 孟子曰:"非礼之礼,非义之义,大人弗为。"

此二章可连读。"君仁,莫不仁"二句虽重出,朱熹谓是直戒人君。而"大人"亦涵括为君者在内。

> 孟子曰:"中也养不中,才也养不才,故人乐有贤父兄也。如中也弃不中,才也弃不才,则贤不肖之相去,其间不能以寸。"

此章可为《论语》"无友不如己者"句注脚。其人如尚未得执中,不中不才者互为影响,自然有不良后果。如中也养不中,才也而未展其才,自不宜与不中不才者为友。养不才而不弃之,自足使不中者执中,不才者成材矣。如弃之,则亦不过不中不才之人,故相去不能以寸也。因知"无友不如己者"句实对初学者而言,非学之已成者。如已成,则当诲人不倦矣。

孟子曰:"人有不为也,而后可以有为。"

有所不为始能专心致志,其所为乃克有成。倘无所不为,则见异思迁,浅尝辄止,自然一无所成矣。仆初专治《论语》,欲为《论语集释》补,以补程树德之所未及,未几知难而退。欲为《说文证今》,又以"文革"而废。欲治《尔雅》,魏天行师告以丁福保已有《尔雅诂林》,惜未刊,乃又中辍。更治《方言》,杨伯峻先生告以遇夫先生已有成稿,惜已佚,仆乃未敢续作。因思前辈于读书皆有所述作,仆即令下苦功亦不免蹈前人覆辙,不如就一得之见点滴劄记之,虽于古籍章句时有一得之见,终乃无一专著。后之来者,当以仆为前车之鉴,宁所治者小而克有成,无效仆之贪大求全,卒志大而无当,一无所成也。

孟子曰:"言人之不善,当如后患何?"
孟子曰:"仲尼不为已甚者。"

此二章当连读。人有不善,倘无人敢言,则不善之人与事将充塞人间而无止境,是天下既乱而无主持正义与公道者矣。故志士仁人,每不顾一己之后患,敢于挺身而出。然为人亦当有恕道,倘非罪大恶极之人与事,则不宜求之过苛过严。故孟子引孔子之言行,戒人不为已甚,非示人必谨小慎微,成一畏首畏尾怯懦之徒也。

孟子曰:"大人者,言不必信,行不必果,惟义所在。"

言必信,行必果,此为人之基本规范。而孟子竟谓大人者言可不必信,行可不必果,岂于为大人者求之不严苛欤?曰非也,下言"惟义所在",即涵盖信与果矣。孟子之意,犹《左传》记曹刿之言,所谓"小信""小惠",非为君上所宜琐屑而施诸人者。

孟子曰:"大人者,不失其赤子之心者也。"

此章宜与李卓吾《童心说》参看。不得以李卓吾非圣悖礼而非之。孟子盖谓为君上者不宜以权诈待人驭下,而应对人坦诚相见。后世之为政者如曹孟德、刘裕之流，往往好弄权术，便于为其杀人借口，已失其赤子之心矣。若诸葛孔明，则不惟当时之人，即后世亦多敬服，以其不以欺罔为人处世也。

孟子曰："养生者不足以当大事，惟送死可以当大事。"

此即《论语》曾子所谓"慎终追远，民德归厚"之意。

孟子曰："君子深造之以道，欲其自得之也。自得之，则居之安；居之安，则资之深；资之深，则取之左右逢其原，故君子欲其自得之也。"

此章"自得之"最为紧要。不独治学问为然，立身处世亦然。治学问则自得之为有创见，立身处世则为有独立人格。

孟子曰："博学而详说之，将以反说约也。"

此章实治学之根本原则。"博学"者，道问学者必先博览群经，融通子史，犹前章所谓之"深造"也。"详说"者,即追本溯源,旁搜远绍,尽最大努力遍求前贤往说,俾无遗缺。然后以己意裁断之,所得结论不过涵括个人点滴心得,不必长篇大论,此即"反说约"之谓。今人治学,初无己见,借助电脑,遍求时贤诸家成说,然后拼凑连缀成文,虽断鹤续凫,彼亦不自知。然后以皇皇巨著猎取名利,终不免垃圾泡沫之讥。此今日学术领域之通病也。且"反说约"谈何容易!今人不以稗贩剽窃为耻,而前辈学者,如发现己之心得在古人文本中已先有之,竟而辍笔。杨树达先生著书立说,即坚持此原则。然则其所谓"约",不独约于文辞,且以不蹈袭前人成说为己治学之"约",实后学之楷模矣。《朱子语类》卷五十七朱熹答杨楫云:"……他更不穷究这道理是如何,都见不透彻,只是搜求隐僻之事、钩摘奇异之说以为博,如此岂能得约!今世博学之士大率如此。不读正当底书,不看正当注疏,偏拣人所不读底去读,欲乘人之所不知以夸人。不问义理如何,只认前人所未说,今人所未道者,则取之以为博。如此,如何望到约初。"今按,朱子之论,犹谓当时士人尚知读书,如清人姚姬传所言,喜读人所未见书耳。时至今日,则人所常见书亦不读矣。以空疏为博,以艰深文浅陋,并博学而详说亦谈不到,遑论反说约乎?

孟子曰:"以善服人者,未有能服人者也;以善养人,然后能服天下。天下不心服而王者,未之有也。"

所谓以善服人,己之行未能尽善,而强人必为善,故未能服人;以善养人,谓己之善行可为人楷模,且使天下人得休养生息,日臻于善,故能服天下。

孟子曰:"言无实不祥。不祥之实,蔽贤者当之。"

此即诚于中形于外之意。人之言虚诞不实,自属不祥;而蔽贤者必以虚诞之言诬贤者,有贤者而不见用,则不祥莫大焉。即蔽贤者以其言不实,其后果亦必致不祥也。

徐子曰:"仲尼亟称于水,曰'水哉,水哉!'何取于水也?"孟子曰:"源泉混混,不舍昼夜。盈科而后进,放乎四海,有本者如是,是之取尔。苟为无本,七八月之间雨集,沟浍皆盈;其涸也,可立而待也。故声闻过情,君子耻之。"

此章与《论语》"子在川上"章喻义不同。孔子叹"逝者如斯",有二义:一谓时不我与,已逝则莫能追;一谓四时运行而百物生焉,如水之不舍昼夜,永无止息。既叹人生之不再,又叹宇宙之无穷。此章孟子则强调有本源之水虽不舍昼夜而放乎四海,然必盈科而后进,遇坎坷之地亦必先充实而后继续前行,所谓一步一脚印是也。苟为无本,虽一时沛然雨集,沟浍皆盈,实则浮沤也,犹今所谓泡沫。故言过其实或华而不实者,皆不能持久,故君子耻之。混混,今作滚滚,涌出不止之貌。

孟子曰:"人之所以异于禽兽者几希,庶民去之,君子存之。舜明于庶物,察于人伦,由仁义行,非行仁义也。"

孟子曰:"禹恶旨酒而好善言。汤执中,立贤无方。文王视民如伤,望道而未之见。武王不泄迩,不忘远。周公思兼三王,以施四事;其有不合者,仰而思之,夜以继日;幸而得之,坐以待旦。"

孟子曰:"王者之迹熄而《诗》亡,《诗》亡然后

《春秋》作。晋之《乘》,楚之《梼杌》,鲁之《春秋》,一也。其事则齐桓、晋文,其文则史。孔子曰:'其义则丘窃取之矣。'"

孟子曰:"君子之泽五世而斩,小人之泽五世而斩。予未得为孔子徒也,予私淑诸人也。"

自"人之所以异于禽兽者几希"至"予私淑诸人也"实为一章,乃孟子自述其法先王慕往圣之心得。自舜而禹汤文武周公,皆已先立德而后有功于世,是由仁义行者也。至于孔子,其圣德虽足以拟先王,然不在于位,不得行其道,仅能寓其义于《春秋》。孟子忧君子之泽五世而斩,乃私淑先圣而欲上承孔子。由孔子至子思为三世,由子思而孟子则共历五世,故孟子云然。

孟子曰:"可以取,可以无取,取伤廉;可以与,可以无与,与伤惠;可以死,可以无死,死伤勇。"

此章所谓言之非艰而行之维艰。取与生死之间,分寸至关重要。故可以取可以无取,则宁无取亦无使伤廉。以下类推,庶几寡过。

逢蒙学射于羿，尽羿之道，思天下惟羿为愈己，于是杀羿。孟子曰："是亦羿有罪焉。"公明仪曰："宜若无罪焉。"曰："薄乎云尔，恶得无罪？郑人使子濯孺子侵卫，卫使庾公之斯追之。子濯孺子曰：'今日我疾作，不可以执弓，吾死矣夫！'问其仆曰：'追我者谁也？'其仆曰：'庾公之斯也。'曰：'吾生矣。'其仆曰：'庾公之斯，卫之善射者也，夫子曰"吾生"，何谓也？'曰：'庾公之斯学射于尹公之他，尹公之他学射于我。夫尹公之他，端人也，其取友必端矣。'庾公之斯至，曰：'夫子何为不执弓？'曰：'今日我疾作，不可以执弓。'曰：'小人学射于尹公之他，尹公之他学射于夫子。我不忍以夫子之道反害夫子。虽然，今日之事，君事也，我不敢废。'抽矢扣轮，去其金，发乘矢而后反。"

此章言为人师者，须择端人而教。故逢蒙杀羿，羿亦薄有罪。然事有出乎常情之外者。十年浩劫中，生徒反噬其师长者不胜枚举，且大都无中生有，言过其实，惟恐不置其师长于死地。及为师长者得以平反昭雪，昔之反噬者又幡然改易面目，称恩师者有之，藉乃师之名以自求彰显者尤众。非特师生，即子女之于父母亦往往有类逄蒙其人者。此辈固不知人间有羞耻事,然世道陵夷,于此可见。故仆有句云:"人非草木独无情。"夫然后知孟子之言为先知先觉也。且心念旧恩者世亦多有,不顾己之死生而见义勇为者更时时见之。仆至今犹力主人性善之说,不得以反噬者之众多便主人性恶之论也。

孟子曰:"西子蒙不洁,则人皆掩鼻而过之。虽有恶人,斋戒沐浴,则可以祀上帝。"

此孟子就一事之两极端而言也。佛家言:"放下屠刀,立地成佛。"《荀子·劝学》:"兰槐之根是为芷。其渐之滫,君子不近,庶人不服。其质非不美也,所渐者然也。"义皆与此同。

孟子曰:"天下之言性也,则故而已矣。故者以利为本。所恶于智者,为其凿也。如智者若禹之行水也,则无恶于智矣。禹之行水也,行其所无事也。如智者亦行其所无事,则智亦大矣。天之高也,星辰之远也,苟求其故,千岁之日至,可坐而致也。"

此章殊不易解。尤以"故者以利为本"句索解为难。焦循《正义》:"按孟子此章,自明其道性善之旨,与前异于禽兽相发明也。《易·杂卦传》云:'革,去故也;鼎,取新也。'故谓已往之事。当时言性者,多据往事为说。……孟子独于故中指出利字。利即《周易》'元亨利贞'之利。《系辞传》云:'变而通之以尽利。'《象传》云:'乾道变化,各正性命,保合太和,乃利贞。'利以能变化言,于故事之中,审其能变化,则知其性之善。"焦氏以此章"利"为《易》"元亨利贞"之"利",以别于"上下交征利"之利,是读书能得间者。又孟子谓"所恶于智者为其凿也",此亦至理名言。智者往往思而不学,凡思敏睿者,最易想入非非,往往悖于事理而自以为是。故孟子言"如智者亦行其所无事,则智亦大矣"。即智者能以平常心析事理,且能鉴往以知来,温故而知新,如天文家之坐而可以推算千岁之日至,其为智也亦大矣。凡才思敏睿之士,于孟子之言正宜终身诵之。

公行子有子之丧。右师往吊,入门,有进而与右师言者,有就右师之位而与右师言者。孟子不与右师言,右师不悦曰:"诸君子皆与驩言,孟子独不与䭫言,是简䭫也。"孟子闻之,曰:"礼,朝廷不历位而相与言,不逾阶而相揖也。我欲行礼,子敖以我为简,不亦异乎?"

此孟子不欲趋炎附势,且素轻王䭫之为人,故不与言耳。引礼说,不过托词耳。

孟子曰:"君子所以异于人者,以其存心也。君子以仁存心,以礼存心。仁者爱人,有礼者敬人。爱人者,人恒爱之;敬人者,人恒敬之。有人于此,其待我以横逆,则君子必自反也:我必不仁也,必无礼也,此物奚宜至哉?其自反而仁矣,自反而有礼矣,其横逆由是也,君子必自反也:我必不忠。自反而忠矣,其横逆由是也。君子曰:'此亦妄人也已矣。如此则与禽兽奚择哉?于禽兽又何难焉?'是故君子有终身之忧,无一朝之患也。乃若所忧则有之:舜,人也;我,亦人也。舜为法于天下,可传于后世,我由未免为乡人也,是则可忧也。忧之如何?如舜而已矣。若夫君子所患则亡矣。非仁无为也,非礼无行也。如有一朝之患,则君子不患矣。"

此章孟子力主以仁与礼待人,且示人以反思自省之道。处于横逆之境,其始也未尝不自反,自反而已无不仁不忠矣,然而横逆如故。孟子曰:"于禽兽又何难焉!"夫禽兽诚无理可喻,然士可杀不可辱,面对禽兽唯死而已。孟子曰:"如有一朝之患,则君子不患矣。"一朝之患即有性命之忧,又岂得不患乎?

> 禹、稷当平世,三过其门而不入,孔子贤之。颜子当乱世,居于陋巷。一箪食,一瓢饮。人不堪其忧,颜子不改其乐,孔子贤之。孟子曰:"禹、稷、颜回同道。禹思天下有溺者,由己溺之也;稷思天下有饥者,由己饥之也,是以如是其急也。禹、稷、颜子,易地则皆然。今有同室之人斗者,救之,虽被发缨冠而救之,可也。乡邻有斗者,被发缨冠而往救之,则惑也,虽闭户可也。"

夫禹、稷、颜回,易地则皆然,此理可喻。然孟子于篇末以闭户不救乡邻喻颜回,似未尽洽。仆以为孟子之意,在禹汤之世,虽不无洪水之灾与七年之旱,天下之民有饥溺之苦,然仍为平世。盖在位者视天下之民犹同居一室,不能见死不救也。此所谓达则兼济天下也。若颜回所处之世,则乱世也,乡邻相斗,犹诸侯各自为政,彼此相残,一人之力已不足挽回,惟有闭户独善其身,所谓"邦无道则愚"是也。虽然,孟子之喻终嫌跛脚,说理未透,故所喻难恰如其分。

公都子曰:"匡章,通国皆称不孝焉。夫子与之游,又从而礼貌之,敢问何也?"孟子曰:"世俗所谓不孝者五:惰其四支,不顾父母之养,一不孝也;博弈好饮酒,不顾父母之养,二不孝也;好货财,私妻子,不顾父母之养,三不孝也;从耳目之欲,以为父母戮,四不孝也;好勇斗很,以危父母,五不孝也。章子有一于是乎?夫章子,子父责善而不相遇也。责善,朋友之道也;父子责善,贼恩之大者。夫章子岂不欲有夫妻子母之属哉?为得罪于父,不得近,出妻屏子,终身不养焉。其设心以为不若是,是则罪之大者,是则章子已矣。"

此章亦见孟子于父子之间有平等思想。匡章迫于孝道,不见容于父,又不愿委过于父,乃出妻屏子,甘于自苦,是当时之社会悲剧。孟子能体察匡章内心之苦,故与之游，又从而礼貌之，而不责以不孝，此真匡章之知己。孟子明知责善为朋友之道，而不以匡章之责善于其父为非，于以见孟子之思想，远胜"天下无不是的父母"之俗说，何啻倍蓰！

曾子居武城，有越寇。或曰："寇至，盍去诸？"曰："无寓人于我室，毁伤其薪木。"寇退，则曰："修我墙屋，我将反。"寇退，曾子反。左右曰："待先生，如此其忠且敬也，寇至则先去以为民望，寇退则反，殆于不可。"沈犹行曰："是非汝所知也。昔沈犹有负刍之祸，从先生者七十人，未有与焉。"子思居于卫，有齐寇。或曰："寇至，盍去诸？"子思曰："如伋去，君谁与守？"孟子曰："曾子、子思同道。曾子，师也，父兄也；子思，臣也，微也。曾子、子思易地则皆然。"

曾子为人师长者，无官守之责，故寇至宜避。子思为人臣，有守土保民之责，故寇至而不去。遇天灾人祸而官守者或远避之，或坐视而不作为，读此宜知惭愧。

储子曰："王使人瞯夫子，果有以异于人乎？"

孟子曰:"何以异于人哉?尧舜与人同耳。"

齐人有一妻一妾而处室者。其良人出,则必餍酒肉而后反。其妻问所与饮食者,则尽富贵也。其妻告其妾曰:"良人出,则必餍酒肉而后反,问其与饮食者,尽富贵也,而未尝有显者来,吾将瞯良人之所之也。"蚤起,施从良人之所之,遍国中无与立谈者。卒之东郭墦间,之祭者,乞其余;不足,又顾而之他,此其为餍足之道也。其妻归,告其妾曰:"良人者,所仰望而终身也。今若此。"与其妾讪其良人,而相泣于中庭。而良人未之知也,施施从外来,骄其妻妾。由君子观之,则人之所以求富贵利达者,其妻妾不羞也而不相泣者,几希矣。

此二章实为一章,仆昔有小文详析之,今不赘(见《古文精读举隅》)。

附:读《孟子·齐人有一妻一妾章》

这是一篇精彩的讽刺小品,见《孟子·离娄下》。男主角"齐人",分明是当时社会上一个为追求"富贵利达"而不择手段的厚颜无耻的典型人物的缩影。他自欺欺人,做着连自己妻妾也被欺骗隐瞒的见不得人的勾当,却装出一副骄傲自满的神气,虽只寥寥几笔,但他的丑恶嘴脸已暴露无遗了。

但在具体分析本文之前,我想提个问题。即在《孟子》七篇中,每一章都有"孟子曰"字样,说明全书是孟轲的门徒及其后辈们追记下来的。惟独这一篇偏偏没有"孟子曰"这三个字。因此近人高步瀛在《孟子文法读本》中认为,这一章应与它的前一章相连,不宜分成两截。我是同意高先生这一看法的,理由详下。现在先把它的前一章抄在下面:

> 储子曰:"王使人㻌(jiàn,窥视)夫子,果有以异于人乎?"孟子曰:"何以异于人哉!尧舜与人同耳。"

正因为齐宣王派人对孟轲窥伺盯梢,才引起孟子讲出了"齐人有一妻一妾"的故事。如把两章连到一起,自然不存在惟独这一章没有"孟子曰"字样的疑问了。另外,我们还可以从文章修辞的角度来看。《孟子》书中用"㻌"字的地方只有这两处,而这两段文字又恰好彼此衔接;如果孟子不是用齐人之妻的"㻌良人之所之"来与储子说的"王使人㻌夫子"相呼应,而是分成全无关涉的两章,那么两个"瞷"字的出现也未免太凑巧了。但上述两点还不是两章书应合为一的最有力的证明,我们将在后面做进一步的探究。

故事的叙述部分没有什么有意突出的笔墨,作者态度的冷静客观有点像契诃夫在写短篇。但文章却是由浅入深,由先果而后因(即先写现象后点出这种现象发生的背景)的手法,层层揭示出"齐人"龌龊的灵魂,剥去他虚伪的外衣。从"齐人"口头上的吹牛("所与饮食者""尽富贵也")引起了"其妻"的疑心,用"未尝有显者来"点出可疑的症结所在。接着笔锋却从其妻"瞷"的角度由侧面往深处揭露:"遍国中无与立谈者",是说这个自吹自擂的家伙连普通老百姓都没有一个搭理他的,可见"尽富贵也"的话是纯属吹牛;然而写他"卒之东郭墦间",跑到坟地上去了,这不能不令人奇怪,使读者也急于看到下文;最后谜底揭晓,原来他不过是个乞丐,而且是个死皮赖脸的痞子,"乞其余,不足,又顾而之他"。这种抽丝剥茧的手法还不够,更在下面一段的末尾补上一句"施施从外来,骄其妻妾",写"齐人"的厚颜无耻不但只停留在口头上,而且还表露在神态上和精神状态中,此之谓"颊上添毫"。这种形象刻画真是跃然纸上了。

读这篇文章,我以为应注意以下四点。第一,要注意其文章繁与简的处理。如写"良人出"至"尽富贵也"一节,竟不厌其烦地重复一遍。这主要是为了突出写这一现象。特别是第二次写时加上了一句"而未尝有显者来",这就点出了可疑的关键,为下文的"瞷"做好了铺垫。同时,这一重复是为了与后文对照,相反而又相成。"此其为餍足之道也"与"尽富贵也"恰好相反,而"餍酒肉而后反"则又与"施施从外来,骄其妻妾"相成。前面的重复正是为了使下文反跌时更有力。而当其妻"告其妾"时,却没有把她所"瞷"的全部过程重说一遍,只用了"今若此"三字,好像把话说到半截便咽了回去。这个"此"字竟包括了从"蚤起"以下四十四字描写的内容,真是简到不能再简。这是因为前面的笔墨已写得淋漓尽致,精彩的镜头如再度出现就反而乏味了;何况其妻的内心感情之复杂绝非重述其所见的种种丑恶现象所能尽,反不如只说半句话更为含蓄有力。即在下文,也只用了一个"讪"和一个"泣"字也已足够,至于"讪"什么和为什么"泣",都无须细表了。可见作者对文章的繁与简确用过一番心思。

第二,有人会问,这个"齐人"穷得讨饭,怎么还有"一妻一妾"?我以为,"妾"这个人物的出现是为了主题突出和情节安排的需要。比如妻发现了疑点,便对妾倾诉自己的心事;盯梢回来,把所"瞷"的结果又告诉了妾;妻妾二人互讪互泣,显然比一个女人的自怨自艾效果更突出。没有"妾","妻"的言行举止就会受到较大限制,故事的讽刺力量也会大大削弱。比如只说"骄其妻",就远不如说"骄其妻妾"显得传神尽态。

第三,"此其为餍足之道也"一句是说故事者的解释之词呢,还是"齐人"之妻说出来的话?这有点类似于鲁迅《孔乙己》中的一段文字:

> 孔乙己是这样的使人快活,可是没有他,别人也便这么过。

对这几句话,过去曾有过争论,有人说是作者站出来说话,有人则以为应该是酒店小伙计说的。其实这是作者在替作品中的主人公表达他内心的独白。这儿的"此其为餍足之道也"也正是"齐人"之妻在恍然大悟后的一句内心独白,由说故事的人代她表达出来罢了。

第四,要注意本篇中"而"字的用法。这篇文章里的"而"字有两种用法。一种起连接作用,即"而"字的前后两部分是并列的,如"其妻妾不羞也而不相泣者,几希矣"的"而"乃是连接"不羞"和"不相泣"这两个并列成分的,意思说她们是既羞又泣,不羞不泣的是太少见了。另一种则起转折作用,使文章显得透辟有力。如"而未尝有显者来""而良人未之知也"两句,要是没有这两个"而"字,便缺乏吹醒和点破的作用,文章也就没有波澜而软弱无力了。这两种"而"字的用法必须分清,而后一种对我们用现代汉语写文章也是可以借鉴的。

最末一段是作者对故事的总结性的断语。它只对"齐人"作了批判,却没有照应前面回答储子的话。这正是被后人把一章书误分为两章的原因,有的同志不同意高步瀛先生的看法,所持的理由也正在这里。其实这是作者有意识的写法,本不要求再回到原来的论题上去。因为只要一照应前文,就会成为对齐王的谩骂,对自己的表扬,并把全篇讽刺的意义大大削弱。读者请分析一下:"瞯"本身并非光明磊落的行动,"瞯"人则更属非礼。一个人之所以要被人"瞯",想必他做出了见不得人的事,不是内挟阴私,就是外充伪善。齐宣王以王者之尊,竟派人去"瞯"孟子,孟子当然很有反感,所以一上来就用"何以异于人哉"针锋相对地进行了驳斥。但如果从修养、学问、见识、阅历来看,作为学者的孟轲,当然有"异于人"之处。但这种"异于人"的地方是不怕被人"瞯"的,问题乃在于根本不应该派人去"瞷"。所以孟子提出了"尧舜"来同自己相比,意思说尧舜也不过同平常人一样,何况我孟轲!尧舜是古之圣人,是儒家的理想人物,可见孟子用来自拟的形象是高大的。而下面却讲了一个十分猥琐的故事。意思说,只有龌龊小人才阳一套阴一套,才有被"瞷"的必要;从另一方面说,只有一个人被怀疑是伪君子时,别人才想到去"瞷"他。"齐人"的故事一方面对那些追求"富贵利达"的龌龊小人进行了无情的讽刺,另一方面也是孟子的自我表白:我不求富贵利达,自然不会做自欺欺人瞒心昧己的丑事,当然无须装成一副伪善者的面孔做给人看。这正是孟轲从反面证明自己是光明磊落的。因此对于前面的话,也就用不着再回过头去照应了。这才是我认为应把两章合为一章最主要的依据。

卷九　万章上

万章问曰:"舜往于田,号泣于旻天,何为其号泣也?"孟子曰:"怨慕也。"万章曰:"父母爱之,喜而不忘;父母恶之,劳而不怨。然则舜怨乎?"曰:"长息问于公明高曰:'舜往于田,则吾既得闻命矣;号泣于旻天,于父母,则吾不知也。'公明高曰:'是非尔所知也。'夫公明高以孝子之心,为不若是恝,我竭力耕田,共为子职而已矣,父母之不我爱,于我何哉?帝使其子九男二女,百官牛羊仓廪备,以事舜于畎亩之中。天下之士多就之者,帝将胥天下而迁之焉。为不顺于父母,如穷人无所归。天下之士悦之,人之所欲也,而不足以解忧;好色,人之所欲,妻帝之二女,而不足以解忧;富,人之所欲,富有天下,而不足以解忧;贵,人之所欲,贵为天子,而不足以解忧。人悦之、好色、富贵,无足以解忧者,惟顺于父母,可以解忧。人少,则慕父母;知好色,则慕少艾;有妻子,则慕妻子;仕则慕君,不得于君则热中。大孝终身慕父母。五十而慕者,予于大舜见之矣。"

此与以下诸章皆据古史立论。古史有近于神话者,有近于传奇者,可信者少,可疑者多。凡可疑者,则据述史之人之识见与观点而解析之。其所解析,有足以服人者,亦有不尽以服人者。后世读者,宜有所别择。即孟子亦自云:"说《诗》者不以文害辞,不以辞害志。"又云:"尽信《书》则不如无《书》。"夫《诗》《书》尚不宜尽以为信史,况尧舜之世之传说乎?即如此章,孟子但以大孝称舜。舜贵为天子,富有天下,犹以不得父爱为憾,是真足为楷模。至于事之有无,可勿计也。又"热中"一词,始见于此。今人每写作"热衷",实多此一举。

万章问曰:"《诗》云:'娶妻如之何?必告父母。'信斯言也,宜莫如舜。舜之不告而娶,何也?"

孟子曰："告则不得娶。男女居室，人之大伦也。如告，则废人之大伦，以怼父母，是以不告也。"万章曰："舜之不告而娶，则吾既得闻命矣；帝之妻舜而不告，何也？"曰："帝亦知告焉则不得妻也。"万章曰："父母使舜完廪，捐阶，瞽瞍焚廪。使浚井，出，从而掩之。象曰：'谟盖都君咸我绩。牛羊父母，仓廪父母，干戈朕，琴朕，弤朕，二嫂使治朕栖。'象往入舜宫，舜在床琴。象曰：'郁陶思君尔。'忸怩。舜曰：'惟兹臣庶，汝其于予治。'不识舜不知象之将杀己与？"曰："奚而不知也？象忧亦忧，象喜亦喜。"曰："然则舜伪喜者与？"曰："否。昔者有馈生鱼于郑子产，子产使校人畜之池。校人烹之，反命曰：'始舍之圉圉焉，少则洋洋焉，攸然而逝。'子产曰：'得其所哉！得其所哉！'校人出，曰：'孰谓子产智？予既烹而食之，曰："得其所哉？得其所哉。"'故君子可欺以其方，难罔以非其道。彼以爱兄之道来，故诚信而喜之，奚伪焉？"

上章言孝道，此章言夫妇与兄弟之道。孟子以男女居室，人之大伦，故可不告而娶。此视汉以后三纲五常之说为优。足见三纲之说，非尽先秦儒家本义也。

孝与悌本居同等地位,而孟子释悌道,则不独弟事兄须敬,且兄亦应以爱视弟。故有"象忧亦忧,象喜亦喜"之论。此章最关键处,在于"君子可欺以其方,难罔以非其道"。孟子不以舜为伪喜,而以象为伪爱,即"君子可欺以其方"也。据《史记·五帝本纪》及《孟子》此章所记,象有杀舜之传说。严家炎君近著《考析与辩疑》第四讲即以为尧舜禅让之同时亦有家族内部尖锐斗争,象之欲杀舜即斗争白热化之表现,其说近是。

万章问曰:"象日以杀舜为事,立为天子,则放之,何也?"孟子曰:"封之也,或曰放焉。"万章曰:"舜流共工于幽州,放驩兜于崇山,杀三苗于三危,殛鲧于羽山,四罪而天下咸服,诛不仁也。象至不仁,封之有庳。有庳之人奚罪焉?仁人固如是乎?在他人则诛之,在弟则封之。"曰:"仁人之于弟也,不藏怒焉,不宿怨焉,亲爱之而已矣。亲之欲其贵也,爱之欲其富也。封之有庳,富贵之也。身为天子,弟为匹夫,可谓亲爱之乎?""敢问'或曰放'者,何谓也?"曰:"象不得有为于其国,天子使吏治其国,而纳其贡税焉,故谓之放。岂得暴彼民哉?虽然,欲常常而见之,故源源而来。'不及贡,以政接于有庳',此之谓也。"

舜封象于有庳,又命吏治其国而纳其贡税,使象不得暴彼民,是虽封而犹放也。然象为舜之弟,故可随时来谒舜,此正宗法社会之不合礼法处,开后世皇亲国戚有特权之风。孟子不以为非,是孟子本身之时代局限也。又据《史记·五帝本纪》尧子丹朱,舜子商均,虽不得位,犹有封地,此正古世袭制之流弊,以迄于今犹有影响也。

咸丘蒙问曰:"语云:'盛德之士,君不得而臣,父不得而子。'舜南面而立,尧帅诸侯北面而朝之,瞽瞍亦北面而朝之。舜见瞽瞍,其容有蹙。孔子曰:'于斯时也,天下殆哉,岌岌乎!'不识此语诚然乎哉?"孟子曰:"否。此非君子之言,齐东野人之语也。尧老而舜摄也。《尧典》曰:'二十有八载,放勋乃徂落,百姓如丧考妣,三年,四海遏密八音。'孔子曰:'天无二日,民无二王。'舜既为天子矣,又帅天下诸侯以为尧三年丧,是二天子矣。"咸丘蒙曰:"舜之不臣尧,则吾既得闻命矣。《诗》云:'普天之下,莫非王土。率土之滨,莫非王臣。'而舜既为天子矣,敢问瞽瞍之非臣,如何?"曰:"是诗也,非是之谓也;劳于王事,而不得养父母也。曰:'此莫非王事,我独贤劳也。'故说诗者,不以文害辞,不以辞害志。以意逆志,是为得之。如以辞而已矣,《云汉》之诗曰:'周余黎民,靡有孑遗。'信斯言也,是周无遗民也。孝子之至,莫大乎尊亲;尊亲之至,莫大乎以天下养。为天子父,尊之至也;以天下养,养之至也。《诗》曰:'永言孝思,孝思惟则。'此之谓也。《书》曰:'祗载见瞽瞍,夔夔斋栗,瞽瞍亦允若。'是为父不得而子也。"

"以意逆志"句有二解。一、读者据作者之文辞逆作者之志;二、读者以己意逆作者之志。鄙意以前解为是。后者之弊,每在于读者以为己之志即作者之志。二者不可不辨。

万章曰:"尧以天下与舜,有诸?"孟子曰:"否。天子不能以天下与人。""然则舜有天下也,孰与之?"曰:"天与之。""天与之者,谆谆然命之乎?"曰:"否。天不言,以行与事示之而已矣。"曰:"以行与事示之者如之何?"曰:"天子能荐人于天,不能使天与之天下;诸侯能荐人于天子,不能使天子与之诸侯;大夫能荐人于诸侯,不能使诸侯与之大夫。昔者,尧荐舜于天而天受之,暴之于民而民受之。故曰:天不言,以行与事示之而已矣。"曰:"敢问荐之于天而天受之,暴之于民而民受之,如何?"曰:"使之主祭而百神享之,是天受之;使之主事而事治,百姓安之,是民受之也。天与之,人与之,故曰天子不能以天下与人。舜相尧二十有八载,非人之所能为也,天也。尧崩,三年之丧毕,舜避尧之子于南河之南。天下诸侯朝觐者,不之尧之子而之舜;讼狱者,不之尧之子而之舜;讴歌者,不讴歌尧之子而讴歌舜,故曰天也。夫然后之中国,践天子位焉。而居尧之宫,逼尧之子,是篡也,非天与也。《太誓》曰:'天视自我民视,天听自我民听。'此之谓也。"

此辩禅让与篡夺之别,孟子固能自圆其说者。

万章问曰:"人有言'至于禹而德衰,不传于贤而传于子',有诸?"孟子曰:"否,不然也。天与贤,则与贤;天与子,则与子。昔者舜荐禹于天,十有七年，舜崩。三年之丧毕，禹避舜之子于阳城。天下之民从之，若尧崩之后，不从尧之子而从舜也。禹荐益于天，七年，禹崩。三年之丧毕，益避禹之子于箕山之阴。朝觐讼狱者不之益而之启，曰：'吾君之子也。'讴歌者不讴歌益而讴歌启，曰：'吾君之子也。'丹朱之不肖，舜之子亦不肖。舜之相尧，禹之相舜也，历年多，施泽于民久。启贤，能敬承继禹之道。益之相禹也，历年少，施泽于民未久。舜、禹、益相去久远，其子之贤不肖，皆天也，非人之所能为也。莫之为而为者，天也；莫之致而至者，命也。匹夫而有天下者，德必若舜禹，而又有天子荐之者，故仲尼不有天下。继世以有天下，天之所废，必若桀纣者也，故益、伊尹、周公不有天下。伊尹相汤以王于天下。汤崩，太丁未立，外丙二年，仲壬四年。太甲颠覆汤之典刑，伊尹放之于桐。三年，太甲悔过，自怨自艾，于桐处仁迁义；三年，以听伊尹之训己也，复归于亳。周公之不有天下，犹益之于夏、伊尹之于殷也。孔子曰：'唐、虞禅，夏后、殷、周继，其义一也。'"

此辩传子与传贤之别。惟孟子之说似为不可知论,故韩愈有《对禹问》之作。孟子以为"天与贤则与贤,天与子则与子",一归之于天命,而韩愈则从人事立论,以为舜之传子,乃忧后世争之之乱,其虑患也深。所谓"传诸子虽不得贤,犹可守法。"其实愈之说不过为"家天下"辩护,无论子贤与不贤,皆未必能守法爱民也。虽然,以韩愈之尊孔孟,犹不以绝对权威视之,而可以为文驳难之。柳宗元亦然。毕竟难得。后世乃竟以程朱为孔孟,且不敢跨越雷池一步,无乃不可乎?

> 万章问曰:"人有言'伊尹以割烹要汤',有诸?"孟子曰:"否,不然。伊尹耕于有莘之野,而乐尧舜之道焉。非其义也,非其道也,禄之以天下,弗顾也;系马千驷,弗视也。非其义也,非其道也,一介不以与人,一介不以取诸人。汤使人以币聘之,嚣嚣然曰:'我何以汤之聘币为哉?我岂若处畎亩之中,由是以乐尧舜之道哉?'汤三使往聘之,既而幡然改曰:'与我处畎亩之中,由是以乐尧舜之道,吾岂若使是君为尧舜之君哉?吾岂若使是民为尧舜之民哉?吾岂若于吾身亲见之哉?天之生此民也,使先知觉后知,使先觉觉后觉也。予,天民之先觉者也;予将以斯道觉斯民也。非予觉

之,而谁也?'思天下之民匹夫匹妇有不被尧舜之泽者,若己推而内之沟中。其自任以天下之重如此,故就汤而说之以伐夏救民。吾未闻枉己而正人者也,况辱己以正天下者乎? 圣人之行不同也,或远或近,或去或不去,归洁其身而已矣。吾闻其以尧舜之道要汤,未闻以割烹也。《伊训》曰:'天诛造攻自牧宫,朕载自亳。'"

万章问曰:"或谓孔子于卫主痈疽,于齐主侍人瘠环,有诸乎?"孟子曰:"否,不然也。好事者为之也。于卫主颜雠由。弥子之妻与子路之妻,兄弟也。弥子谓子路曰:'孔子主我,卫卿可得也。'子路以告。孔子曰:'有命。'孔子进以礼,退以义,得之不得曰'有命'。而主痈疽与侍人瘠环,是无义无命也。孔子不悦于鲁、卫,遭宋桓司马将要而杀之,微服而过宋。是时孔子当阨,主司城贞子,为陈侯周臣。吾闻观近臣,以其所为主;观远臣,以其所主。若孔子主痈疽与侍人瘠环,何以为孔子?"

万章问曰:"或曰:'百里奚自鬻于秦养牲者,五羊之皮,食牛,以要秦缪公。'信乎?"孟子曰:"否,不然。好事者为之也。百里奚,虞人也。晋人以垂棘之璧与屈产之乘,假道于虞以伐虢。宫之奇谏,百里奚不谏。知虞公之不可谏而去,之秦,年已七十矣,曾不知以食牛干秦缪公之为污也,可谓智乎?不可谏而不谏,可谓不智乎?知虞公之将亡而先去之,不可谓不智也。时举于秦,知缪公之可与有行也而相之,可谓不智乎?相秦而显其君于天下,可传于后世,不贤而能之乎?自鬻以成其君,乡党自好者不为,而谓贤者为之乎?"

此三章皆孟子为圣贤辩护之言。除孔子在卫事,孟子所言似有据外,伊尹、百里奚皆凭推断。其实古史中多有传奇色彩,初未必为圣贤讳,孟子不过以儒家卫道者之观点释古史古事耳。为圣贤辩护,实开后世个人崇拜与个人迷信之风气,诚古今以来最大之流弊。

卷十　万章下

孟子曰："伯夷,目不视恶色,耳不听恶声。非其君不事,非其民不使。治则进,乱则退。横政之所出,横民之所止,不忍居也。思与乡人处,如以朝衣朝冠坐于涂炭也。当纣之时,居北海之滨,以待天下之清也。故闻伯夷之风者,顽夫廉,懦夫有立志。伊尹曰:'何事非君？何使非民？'治亦进,乱亦进。曰:'天之生斯民也,使先知觉后知,使先觉觉后觉。予,天民之先觉者也。予将以此道觉此民也。'思天下之民匹夫匹妇有不与被尧舜之泽者,若己推而内之沟中,其自任以天下之重也。柳下惠,不羞污君,不辞小官。进不隐贤,必以其道。遗佚而不怨,阨穷而不悯。与乡人处,由由然不忍去也。'尔为尔,我为我,虽袒裼裸裎于我侧,尔焉能浼我哉?'故闻柳下惠之风者,鄙夫宽,薄夫敦。孔子之去齐,接淅而行;去鲁,曰:'迟迟吾行也。'去父母国之道也。可以速而速,可以久而久,可以处而处,可以仕而仕,孔子也。"孟子曰:"伯夷,圣之清者也;伊尹,圣之任者也;柳下惠,圣之和者也;孔子,圣之时者也。孔子之谓集大成。集大成也者,金声而玉振之也。金声也者,始条理也;玉振之也者,终条理也。始条理者,智之事也;终条理者,圣之事也。智,譬则巧也;圣,譬则力也。由射于百步之外也,其至,尔力也;其中,非尔力也。"

此章列举伯夷、伊尹、柳下惠及孔子,实论此数人为臣之道也。伯夷洁身自好,惟恐受世间诸多恶事沾染,故宁隐于北海之滨以俟天下之清。及武王伐纣,伯夷乃识透世情,知惟有强权与武力者乃足以平天下,无所谓有德无德,于是宁饿死亦不食周粟。伊尹则以全力行己志,愿以天下为己任,故逢乱世亦跻身仕途。至于柳下惠,则不计一己之得失,虽污君小官亦不辞。然其所遇,犹为当世所遗佚;其处境亦穷陋无所归。其出与处,皆不得溷迹于乡人。然柳下惠不以乡人之袒裼裸裎不知礼法为非，而由由然不忍去。虽亦洁身自好而不鄙视彼坐于涂炭之乡人，是其能宽容处有胜于伯夷者矣。此孟子所以称柳下惠为圣之和者。和固不易为也。然人之清者能一尘不染，亦足为圣；若夫伊尹，以天下为己任，宁居乱世亦知其不可而为之，自信极强而勇于承担天下之重，故伊尹自足为圣。在孟子心中，圣人并非高不可攀，特有智而又能行者即可称圣，故《朱子语类》卷五十八有云："智是知得到，圣是行得到。"至于孔子之集大成，盖指其清如伯夷，和如柳下惠，任如伊尹，所谓"兼圣"是也。然孔子能持中庸之道，去伯夷之隘与柳下惠之不恭，且不勉强入伊尹之于乱世求必治，而以著书立说，文行出处仔细阐明其修齐治平之道，垂范于将来，是之谓集大成。且所言有始有终，如乐之以金声始以玉振终。夫孟子于孔子固有过誉之言，然孟子之言行出处亦惟有效法孔子始能处于战国之世。故曰："其至，尔力也；其中，非尔力也。"孟子非不智，亦非不欲行圣王之道，惜其道不能付诸实践，故有虽能"中"而不能"至"之叹。必如此读此章，乃知孟子本意。

北宫锜问曰："周室班爵禄也，如之何？"孟子曰:"其详不可得闻也。诸侯恶其害己也,而皆去其籍。然而轲也,尝闻其略也。天子一位,公一位,侯一位,伯一位,子、男同一位,凡五等也。君一位,卿一位,大夫一位,上士一位,中士一位,下士一位,凡六等。天子之制,地方千里,公侯皆方百里,伯七十里,子、男五十里,凡四等。不能五十里,不达于天子,附于诸侯,曰附庸。天子之卿受地视侯,大夫受地视伯,元士受地视子、男。大国地方百里,君十卿禄,卿禄四大夫,大夫倍上士,上士倍中士,中士倍下士,下士与庶人在官者同禄,禄足以代其耕也。次国地方七十里,君十卿禄,卿禄三大夫,大夫倍上士,上士倍中士,中士倍下士,下士与庶人在官者同禄,禄足以代其耕也。小国地方五十里,君十卿禄,卿禄二大夫,大夫倍上士,上士倍中士,中士倍下士,下士与庶人在官者同禄,禄足以代其耕也。耕者之所获,一夫百亩。百亩之粪,上农夫食九人,上次食八人,中食七人,中次食六人,下食五人。庶人在官者,其禄以是为差。"

此章专论周制。孟子之言当有所本,却又与今所传三礼不合。其实孟子已明言诸侯恶其害己而去其籍,是礼之亡不待秦火矣。以常识推论之,不外有三种可能:一、周初之实际制度本不如今本《周礼》完善细碎,是《周礼》之书乃略依史实而加以想象之辞;二、自周初至战国,周礼已日益亡佚,致言人人殊,是以孟子之说与三礼之言不合;三、孟子所言亦未必无设想之辞。然孟子之书毕竟属先秦古籍,似尚有文献参考价值。仆于史学无专门研究,诚不敢遽下断语。矧朱子已不敢贸然言其是非,况后世之人乎?

> 万章问曰:"敢问友。"孟子曰:"不挟长,不挟贵,不挟兄弟而友。友也者,友其德也,不可以有挟也。孟献子,百乘之家也,有友五人焉:乐正裘、牧仲,其三人,则予忘之矣。献子之与此五人者友也,无献子之家者也。此五人者,亦有献子之家,则不与之友矣。非惟百乘之家为然也,虽小国之君亦有之。费惠公曰:'吾于子思则师之矣;吾于颜般,则友之矣;王顺、长息,则事我者也。'非惟小国之君为然也,虽大国之君亦有之。晋平公之于亥唐也,入云则入,坐云则坐,食云则食。虽蔬食菜羹,未尝不饱,盖不敢不饱也。然终于此而已

矣。弗与共天位也,弗与治天职也,弗与食天禄也。士之尊贤者也,非王公之尊贤也。舜尚见帝,帝馆甥于贰室,亦飨舜,迭为宾主,是天子而友匹夫也。用下敬上,谓之贵贵;用上敬下,谓之尊贤。贵贵、尊贤,其义一也。"

此孟子于等级森严之阶级社会中论交友之道。人能不以年长、位尊与亲属关系而挟人,惟以德与人为友,则友道可弘。在阶级社会中人固不可不贵贵,然尊贤实居第一位。故仆每言孟子之思想中有平等观念也。

万章问曰:"敢问交际何心也?"孟子曰:"恭也。"曰:"却之却之为不恭,何哉?"曰:"尊者赐之,曰'其所取之者,义乎,不义乎',而后受之,以是为不恭,故弗却也。"曰:"请无以辞却之,以心却之,曰'其取诸民之不义也',而以他辞无受,不可乎?"曰:"其交也以道,其接也以礼,斯孔子受之矣。"万章曰:"今有御人于国门之外者,其交也以道,其馈也以礼,斯可受御与?"曰:"不可。《康诰》曰:'杀越人于货,闵不畏死,凡民罔不譈。'是不待教而诛者也。殷受夏，周受殷，所不辞也。于今为烈，如之何其受之？"曰："今之诸侯取之于民也，犹御也。苟善其礼际矣，斯君子受之，敢问何说也？"曰："子以为有王者作，将比今之诸侯而诛之乎？其教之不改而后诛之乎？夫谓非其有而取之者盗也，充类至义之尽也。孔子之仕于鲁也，鲁人猎较，孔子亦猎较。猎较犹可，而况受其赐乎？"曰："然则孔子之仕也，非事道与？"曰："事道也。""事道奚猎较也？"曰："孔子先簿正祭器，不以四方之食供簿正。"曰："奚不去也？"曰："为之兆也。兆足以行矣，而不行，而后去，是以未尝有所终三年淹也。孔子有见行可之仕，有际可之仕，有公养之仕也。于季桓子，见行可之仕也；于卫灵公，际可之仕也；于卫孝公，公养之仕也。"

"交际"，即所谓礼尚往来，此特指君臣上下间授受去就关系。此章前半分三层。长者赐不敢辞，一也。交之以道，接之以礼，则可以受其馈赠，二也。馈赠人如为犯法者，则于法当诛之，虽以礼待己，所赠亦不当接受。此自易解。后半万章以为今之诸侯皆如杀人越货之徒，其所得皆非法取之于民者，是诸侯皆盗也，则君子是否当受其赐,此则孟子不易作答之难题。故孟子以孔子之行动为衡量之标准。盖自春秋而战国,已无所谓圣帝明主,不义之诸侯比比皆是。即有王者作,亦无从一一而诛之,故圣如孔子,亦不得不仕,在孟子以为此即"孔子,圣之时者"之具体实践,其实乃时势所趋,境遇所迫,不得不如此而已,故下章乃有"立乎人之本朝,而道不行,耻也"之结论。以下数章皆当与此参看。

> 孟子曰:"仕非为贫也,而有时乎为贫;娶妻非为养也,而有时乎为养。为贫者,辞尊居卑,辞富居贫。辞尊居卑,辞富居贫,恶乎宜乎?抱关击柝。孔子尝为委吏矣,曰:'会计当而已矣。'尝为乘田矣,曰:'牛羊茁壮,长而已矣。'位卑而言高,罪也;立乎人之本朝,而道不行,耻也。"

此当与不在其位不谋其政参看。仕而为贫,则甘居下位。然甘居下位亦当恪尽职守。居高位而不行道,则其仕既非为贫为养,故其行可耻矣。

> 万章曰:"士之不托诸侯,何也?"孟子曰:"不

敢也。诸侯失国而后托于诸侯,礼也;士之托于诸侯,非礼也。"万章曰:"君馈之粟,则受之乎?"曰:"受之。""受之何义也?"曰:"君之于氓也,固周之。"曰:"周之则受,赐之则不受,何也?"曰:"不敢也。"曰:"敢问其不敢何也?"曰:"抱关击柝者,皆有常职以食于上。无常职而赐于上者,以为不恭也。"曰:"君馈之,则受之,不识可常继乎?"曰:"缪公之于子思也,亟问,亟馈鼎肉。子思不悦。于卒也,摽使者出诸大门之外,北面稽首再拜而不受。曰:'今而后知君之犬马畜伋。'盖自是台无馈也。悦贤不能举,又不能养也,可谓悦贤乎?"曰:"敢问国君欲养君子,如何斯可谓养矣?"曰:"以君命将之,再拜稽首而受。其后廪人继粟,庖人继肉,不以君命将之。子思以为鼎肉,使己仆仆尔亟拜也,非养君子之道也。尧之于舜也,使其子九男事之,二女女焉,百官牛羊仓廪备,以养舜于畎亩之中,后举而加诸上位。故曰王公之尊贤者也。"

不托者,不主动求寄生于诸侯也。如为君知士之贫而周之,则可受,盖非士主动干谒于诸侯而求其赐,乃君主动以粟周其贫民也。至于国君养君子,是君子为尊贤之君,如尧之于舜,自然可以受其养。而鲁缪公非尧可比,故子思谓是以犬马畜己,故不悦,自然不受矣。

万章曰:"敢问不见诸侯,何义也?"孟子曰:"在国曰市井之臣,在野曰草莽之臣,皆谓庶人。庶人不传质为臣,不敢见于诸侯,礼也。"万章曰:"庶人,召之役,则往役;君欲见之,召之,则不往见之,何也?"曰:"往役,义也;往见,不义也。且君之欲见之也,何为也哉?"曰:"为其多闻也,为其贤也。"曰:"为其多闻也,则天子不召师,而况诸侯乎?为其贤也,则吾未闻欲见贤而召之也。缪公亟见于子思,曰:'古千乘之国以友士,何如?'子思不悦,曰:'古之人有言,曰事之云乎,岂曰友之云乎?'子思之不悦也,岂不曰:'以位,则子,君也;我,臣也。何敢与君友也?以德,则子事我者也,奚可以与我友?'千乘之君求与之友而不可得也,而况可召与?齐景公田,招虞人以旌,不至,将杀之。志士不忘在沟壑,勇士不忘丧其元。孔子奚取焉?取非其招不往也。"曰:"敢问招虞人何以?"曰:"以皮冠。庶人以旃,士以旂,大夫以旌。以大夫之招招虞人,虞人死不敢往。以士之招招庶人,庶人岂敢往哉?况乎以不贤人之招招贤人乎?欲见贤人而不以其道,犹欲其入而闭之门也。夫义,路也;礼,门也。惟君子能由是路,出入是门也。《诗》云:'周道如底,其直如矢;君子所履,小人所视。'"万章曰:"孔子,君命召,不俟驾而行。然则孔子非与?"曰:"孔子当仕有官职,而以其官召之也。"

士之不见诸侯者,以非其礼而主动求见也。孟子之意,自子思而至于己,皆当由国君以礼招之,不以礼招之且不能往见,况主动干谒于诸侯乎?综观此数章,皆所以诲后世读书人如何面对有权势者。今之一些读书人,不独甘为犬马以求有权势者之青睐,甚且视蝇营狗苟为进身必由之路,其去古人亦远矣。

孟子谓万章曰:"一乡之善士,斯友一乡之善士;一国之善士,斯友一国之善士;天下之善士,斯友天下之善士。以友天下之善士为未足,又尚论古之人。颂其诗,读其书,不知其人,可乎?是以论其世也。是尚友也。"

此章标出知人论世之道，而以知人论世为尚友之前提。以此为交友之准则，虽古今时移势异，犹足可以为法。

> 齐宣王问卿。孟子曰："王何卿之问也？"王曰："卿不同乎？"曰："不同。有贵戚之卿，有异姓之卿。"王曰："请问贵戚之卿。"曰："君有大过则谏，反覆之而不听，则易位。"王勃然变乎色。曰："王勿异也。王问臣，臣不敢不以正对。"王色定，然后请问异姓之卿。曰："君有过则谏，反覆之而不听，则去。"

此孟子就战国之实际形势而言，使齐宣王不得不勃然变色也。

卷十一 告子上

告子曰:"性,犹杞柳也;义,犹杯棬也。以人性为仁义,犹以杞柳为杯棬。"孟子曰:"子能顺杞柳之性而以为杯棬乎?将戕贼杞柳而后以为杯棬也?如将戕贼杞柳而以为杯棬,则亦将戕贼人以为仁义与?率天下之人而祸仁义者,必子之言夫!"

告子曰:"性犹湍水也,决诸东方则东流,决诸西方则西流。人性之无分于善不善也,犹水之无分于东西也。"孟子曰:"水信无分于东西,无分于上下乎?人性之善也,犹水之就下也。人无有不善,水无有不下。今夫水,搏而跃之,可使过颡;激而行之,可使在山。是岂水之性哉?其势则然也。

人之可使为不善,其性亦犹是也。"

此二章皆孟子论性善之言。告子言性,实人之生理本能;孟子言性,乃人之良知。即如孟子以水喻人性,盖谓水亦有水性。水之性为何?曰水就下,曰水就湿,曰随决口而可东可西。人之性本不同于水。所谓性善,即孟子屡言人皆有不忍人之心,所谓"恻隐之心人皆有之"是也。西方幼儿教育,幼儿见两人互殴,辄同情于被殴而不满于殴人者。又见两人手持多物,物过满而人不能持,乃散落于地,幼儿力图俯而拾之,以思助持物之人,此皆性善之明征。人之所以为不善,盖缘生物之本能过分膨胀,如齐宣王之有"大欲"是也。既有大欲,遂弃良知于不顾,丧其不忍人恻隐之心,竟置民于水深火热之中。世但见人之多欲,而忽忘人之有良知,遂有人性恶之说。如人性果恶,则欲为善而无由,天下之人将无善言善行及见义勇为之事,于是天下终不免大乱。荀子主性恶,乃有李斯、韩非之施政主张,而秦终以专制暴政统一天下。贾生论秦之亡,一语破的,谓"仁义不施攻守势异"。为政者所以上令不能下达,于不正之风所以屡禁不止,皆以政权为私有之物,不容他人染指而已。纵称官吏为公仆,称政权为公器,称人民为公民,其实皆口头禅耳。秦之有陈胜、吴广与项羽、刘邦,非彼辈果为平民愤、苏民困而起兵灭秦也,特秦之暴政虐民太过,民乃寄希望于抗秦者。故刘邦入关约法三章,即获民心。继之以文景二朝休生养息,而汉政权乃得久长。惟人性本善,乃能向善弃恶;如人性本恶,则尧舜为不可能出现之人,即有尧舜出亦不能定天下于一统。此皆治文化思想史者之常识,惜今之人未能深思耳。

告子曰:"生之谓性。"孟子曰:"生之谓性也,犹白之谓白与?"曰:"然。""白羽之白也,犹白雪之白;白雪之白,犹白玉之白与?"曰:"然。""然则犬之性,犹牛之性;牛之性,犹人之性与?"

此章足以证明告子以生理本能为人之本性。故孟子以犬、牛之性犹人之性驳之。其实如以本能言之,则犬、牛皆各有其性。而其性亦有善之一面,故虽为禽兽,亦知"舐犊情深",鸦亦知"护落巢儿",俗所谓"虎毒不食子",即凶残如狼虎,亦不食其子也。此即性善矣。

告子曰:"食、色,性也。仁,内也,非外也;义,外也,非内也。"孟子曰:"何以谓仁内义外也?"曰:"彼长而我长之,非有长于我也;犹彼白而我白之,从其白于外也,故谓之外也。"曰:"异于白马之白也,无以异于白人之白也;不识长马之长也,无以异于长人之长与?且谓长者义乎?长之者义乎?"曰:"吾弟则爱之,秦人之弟则不爱也,是以我为悦者也,故谓之内。长楚人之长,亦长吾之长,是以长为悦者也,故谓之外也。"曰:"耆秦人之炙,无以异于耆吾炙。夫物则亦有然者也,然则耆炙亦有外与?"

孟季子问公都子曰:"何以谓义内也?"曰:"行吾敬,故谓之内也。""乡人长于伯兄一岁,则谁敬?"曰:"敬兄。""酌则谁先?"曰:"先酌乡人。"所敬在此,所长在彼,果在外,非由内也。"公都子不能答,以告孟子。孟子曰:"敬叔父乎?敬弟乎?彼将曰:'敬叔父。'曰:'弟为尸,则谁敬?'彼将曰:'敬弟。'子曰:'恶在其敬叔父也?'彼将曰:'在位故也。'子亦曰:'在位故也。庸敬在兄,斯须之敬在乡人。'"季子闻之曰:"敬叔父则敬,敬弟则敬,果在外,非由内也。"公都子曰:"冬日则饮汤,夏日则饮水,然则饮食亦在外也?"

此二章皆驳仁内义外之说。仁既属于与生俱来之良知,而义与礼智又皆由仁派生者,则义自属于内而非外,此孟子立论之本也。如言性恶,则人自初生即无良知,遑论义与礼智乎？所谓爱己之弟而不爱秦人之弟,即人之生理本能自私之表现。故孔孟皆主"己欲立而立人,己欲达而达人",与"老吾老以及人之老,幼吾幼以及人之幼。"人果欲己立己达,而不欲立人达人,爱己之老幼而不爱人之老幼,则与禽兽无异。于是天下有乱无治,所谓人欲横流是也。治天下者果以人性恶为思想依据,则最终将与亡秦无异,更遑论社会发展进步耶。

> 公都子曰:"告子曰:'性无善无不善也。'或曰:'性可以为善,可以为不善;是故文、武兴则民好善,幽、厉兴则民好暴。'或曰:'有性善,有性不善。是故以尧为君而有象;以瞽瞍为父而有舜;以纣为兄之子且以为君,而有微子启、王子比干。'今曰'性善',然则彼皆非欤？"孟子曰:"乃若其情,则可以为善矣,乃所谓善也。若夫为不善,非才之罪也。恻隐之心,人皆有之;羞恶之心,人皆有之;恭

敬之心，人皆有之；是非之心，人皆有之。恻隐之心，仁也；羞恶之心，义也；恭敬之心，礼也；是非之心，智也。仁义礼智，非由外铄我也，我固有之也，弗思耳矣。故曰：'求则得之，舍则失之。'或相倍蓰而无算者，不能尽其才者也。《诗》曰：'天生蒸民，有物有则。民之秉彝，好是懿德。'孔子曰：'为此诗者，其知道乎！故有物必有则，民之秉彝也，故好是懿德。'"

此章孟子重申仁、义、礼、智四端之说，而强调此四端为我固有之非由外铄之理。所谓"乃若其情，则可以为善"，即谓人性本善。其不善者，皆强调本能而屏弃良知之过，孟子所谓"非才之罪"。"不能尽其才"即不能尽其善，不能尽其良知之谓。其牛山一章孟子提出"良心"一词，即"良知""良能"之统一用词也。至于公都子所引或曰诸说，实皆现象而非本质。如人性本恶，则世但有桀纣幽厉而无从得尧舜与微子、比干诸人矣。

孟子曰："富岁，子弟多赖；凶岁，子弟多暴。非天之降才尔殊也，其所以陷溺其心者然也。今夫麰麦，播种而耰之，其地同，树之时又同，浡然而生,至于日至之时,皆熟矣。虽有不同,则地有肥硗,雨露之养,人事之不齐也。故凡同类者,举相似也,何独至于人而疑之?圣人与我同类者。故龙子曰:'不知足而为屦,我知其不为蒉也。'屦之相似,天下之足同也。口之于味,有同耆也。易牙先得我口之所耆者也。如使口之于味也,其性与人殊,若犬马之与我不同类也,则天下何耆皆从易牙之于味也?至于味,天下期于易牙,是天下之口相似也。惟耳亦然。至于声,天下期于师旷,是天下之耳相似也。惟目亦然。至于子都,天下莫不知其姣也。不知子都之姣者,无目者也。故曰:口之于味也,有同耆焉;耳之于声也,有同听焉;目之于色也,有同美焉。至于心,独无所同然乎?心之所同然者何也?谓理也,义也。圣人先得我心之所同然耳。故理义之悦我心,犹刍豢之悦我口。"

此章中心内容有二。一曰人性本同,所以表现各异者,以外在客观条件影响所致也。如同为少年子弟,年丰则多倚赖于人而不能自立,年凶则多为生计所迫而向人施暴,犹同为五谷,而由外在客观条件不同而丰歉不同。一曰凡属人类,皆有共性,此即"人皆可以为尧舜"理念之本,故以天下之足相同、口耳相似为喻。人能复性向善,则可为圣贤;苟以外物陷溺其心,则多赖多暴。是以闻圣人之言,得理与义之教化,犹刍豢之悦人口味。此孟子所以屡言"谨庠序之教、申之以孝悌之义",即今之所谓受教育受熏陶提高人之素质是也。如人性本恶,则虽沐尧舜之德、受孔孟之教,亦无裨益于其为恶之本性,则天下之乱,将不可收拾。今日社会所以出现种种恶行,皆由人心为物欲所陷溺之故。

孟子曰:"牛山之木尝美矣,以其郊于大国也,斧斤伐之,可以为美乎?是其日夜之所息,雨露之所润,非无萌蘖之生焉,牛羊又从而牧之,是以若彼濯濯也。人见其濯濯也,以为未尝有材焉,此岂山之性也哉?虽存乎人者,岂无仁义之心哉?其所以放其良心者,亦犹斧斤之于木也,旦旦而伐之,可以为美乎?其日夜之所息,平旦之气,其好恶与人相近也者几希,则其旦昼之所为,有梏亡之矣。梏之反覆,则其夜气不足以存;夜气不足以存,则其违禽兽不远矣。人见其禽兽也,而以为未尝有才焉者,是岂人之情也哉?故苟得其养,无物不长;苟失其养,无物不消。孔子曰:'操则存,舍则亡;出入无时,莫知其乡。'惟心之谓与?"

此章实为宋儒主张"存天理,灭人欲"之所本。苟人欲胜天理,犹牛山美木为斧斤所伐,终成濯濯之童山。故孟子主存夜气、存平旦之气,以蕲得天理之常而收其已放逸之良心,旨在求人之所以异于禽兽者。然孟子之言非如宋儒之尽绝人欲也。《礼运》云:"饮食男女,人之大欲存焉。"故"饿死事小,失节事大"之言,必非孔孟之初衷可知。后世非程朱理学,并孔孟亦非之,是矫枉过正,犹今泼浴水并婴儿亦弃之之喻也。

孟子曰:"无或乎王之不智也。虽有天下易生之物也,一日暴之,十日寒之,未有能生者也。吾见亦罕矣,吾退而寒之者至矣,吾如有萌焉何哉!今夫弈之为数,小数也;不专心致志,则不得也。弈秋,通国之善弈者也。使弈秋诲二人弈,其一人专心致志,惟弈秋之为听。一人虽听之,一心以为有鸿鹄将至,思援弓缴而射之,虽与之俱学,弗若之矣。为是其智弗若与? 曰:非然也。"

孔子引《易》曰:"人而无恒,不可以作巫医。"夫修齐治平,乃大事也,而可以无恒乎? 一曝而十寒,物尚不能生,则人事之不成必矣。弈秋之喻,谓虽有名师,不过为外因,若己不专心致志,虽有良师亦不能使之成为国手,则内因所决定也。

孟子曰:"鱼,我所欲也;熊掌,亦我所欲也,二者不可得兼,舍鱼而取熊掌者也。生,亦我所欲也;义,亦我所欲也,二者不可得兼,舍生而取义者也。生亦我所欲,所欲有甚于生者,故不为苟得也;死亦我所恶,所恶有甚于死者,故患有所不辟也。如使人之所欲莫甚于生,则凡可以得生者,何不用也? 使人之所恶莫甚于死者,则凡可以辟患者,何不为也? 由是则生而有不用也,由是则可以辟患而有不为也。是故所欲有甚于生者,所恶有甚于死者。非独贤者有是心也,人皆有之,贤者能勿丧耳。一箪食,一豆羹,得之则生,弗得则死。呼尔而与之,行道之人弗受;蹴尔而与之,乞人不屑也。万钟则不辨礼义而受之。万钟于我何加焉? 为宫室之美、妻妾之奉、所识穷乏者得我与? 乡为身死而不受,今为宫室之美为之;乡为身死而不受,今为妻妾之奉为之;乡为身死而不受,今为所识穷乏者得我而为之,是亦不可以已乎?此之谓失其本心。"

此为《孟子》名篇之一。鱼与熊掌不可得兼,不过譬况而已。今人或以西方逻辑学绳之,谓此次虽不得鱼,他日或能得之;而人之生命,死则不能复生,故以孟子之喻不合逻辑。此未免胶柱鼓瑟矣。后半箪食豆羹与万钟之禄相对比,则今日之贪官污吏大可引以鉴戒,然后知富贵不能淫之为大丈夫也。

孟子曰:"仁,人心也;义,人路也。舍其路而弗由,放其心而不知求,哀哉!人有鸡犬放,则知求之;有放心,而不知求。学问之道无他,求其放心而已矣。"

今之成年人或沉湎于酒色,儿童或迷恋于电脑游戏,皆放其心而不求归于正路之过。使在位者或育人者以及为人父母者,皆能求己之放心而行正路,则众人与儿童皆有矩矱可依循。若官吏徇私舞弊,父母终日不务正业,导致社会不宁,家庭不睦,而求人人安居乐业,儿女天天向上,不亦偾乎?

孟子曰："今有无名之指，屈而不信，非疾痛害事也，如有能信之者，则不远秦、楚之路，为指之不若人也。指不若人，则知恶之；心不若人，则不知恶，此之谓不知类也。"

孟子曰："拱把之桐梓，人苟欲生之，皆知所以养之者。至于身，而不知所以养之者，岂爱身不若桐梓哉？弗思甚也。"

孟子曰："人之于身也，兼所爱。兼所爱，则兼所养也。无尺寸之肤不爱焉，则无尺寸之肤不养也。所以考其善不善者，岂有他哉？于己取之而已矣。体有贵贱，有小大。无以小害大，无以贱害贵。养其小者为小人，养其大者为大人。今有场师，舍其梧槚，养其樲棘，则为贱场师焉。养其一指而失其肩背，而不知也，则为狼疾人也。饮食之人，则人贱之矣，为其养小以失大也。饮食之人无有失也，则口腹岂适为尺寸之肤哉？"

公都子问曰："钧是人也，或为大人，或为小人，何也？"孟子曰："从其大体为大人，从其小体为小人。"曰："钧是人也，或从其大体，或从其小体，何也？"曰："耳目之官不思，而蔽于物，物交物，则引之而已矣。心之官则思,思则得之,不思则不得也。此天之所与我者,先立乎其大者,则其小者弗能夺也。此为大人而已矣。"

以上四章皆言人于小事则力求其完善,而于出处大节则往往一失足成千古恨,皆有近忧而忘远虑之过。孔子引佚诗而后断之曰:"未之思也,夫何远之有!"孟子亦曰:"心之官则思。"能独立思考,乃可不蔽于物,然后知修身处世当立其大者。孔孟之道,正宜从此处入手求实践功夫,庶几可以有益于国家社会矣。

孟子曰:"有天爵者,有人爵者。仁义忠信,乐善不倦,此天爵也;公卿大夫,此人爵也。古之人修其天爵,而人爵从之。今之人修其天爵,以要人爵;既得人爵,而弃其天爵,则惑之甚者也,终亦必亡而已矣。"

孟子曰:"欲贵者,人之同心也。人人有贵于己者,弗思耳矣。人之所贵者,非良贵也。赵孟之所贵,赵孟能贱之。《诗》云:'既醉以酒,既饱以德。'言饱乎仁义也,所以不愿人之膏粱之味也;令闻广誉施于身,所以不愿人之文绣也。"

所谓天爵人爵,盖谓人当以"仁义忠信,乐善不倦"为本,而不宜一味追求富贵利达。然而人往往为声色货利所诱,而失其天爵。《孟子》七篇于此已屡屡言之,且循循善诱。惜人为物利所蔽,虽知其为善言亦不能躬行实践,悲夫!次章大旨与前章同。

> 孟子曰:"仁之胜不仁也,犹水胜火。今之为仁者,犹以一杯水,救一车薪之火也,不熄,则谓之水不胜火,此又与于不仁之甚者也。亦终必亡而已矣。"

天下熙来攘往,皆以求富贵利达而奔竞不止,而读书人徒以口舌纸笔导人向善,虽苦口婆心,然而贪官污吏与酷好声色狗马之徒,卒视而不见听而不闻,盖杯水车薪也。长此以往,社会必乱,甚者国家必亡。故在位者屡屡强调忧患意识。惜乎人不以孟子之言为鉴戒。请熟读告子下篇《舜发于畎亩章》之结论,或可稍知自儆欤?

> 孟子曰:"五谷者,种之美者也。苟为不熟,不

如荑稗。夫仁,亦在乎熟之而已矣。"

五谷不熟,不如荑稗。今人徒以表面文章示己政绩,所谓形象工程。然徒有其表,卒为民害。孟子之言实最有现实意义。

> 孟子曰:"羿之教人射,必志于彀。学者亦必志于彀。大匠诲人,必以规矩,学者亦必以规矩。"

学者必以规矩,犹今之言事物必有规范也。射者必志于彀,今之体育运动员已有志乎此矣,虽其目的在求金牌,犹未免急功近利,然已胜行为无规范者一等。而学术腐败则每况愈下。如用体检是否服兴奋剂之法检讨学术,或可杜其弊欤?

卷十二 告子下

任人有问屋庐子曰:"礼与食孰重?"曰:"礼重。""色与礼孰重?"曰:"礼重。"曰:"以礼食,则饥而死;不以礼食,则得食,必以礼乎?亲迎,则不得妻;不亲迎,则得妻,必亲迎乎?"屋庐子不能对。明日之邹以告孟子。孟子曰:"于答是也,何有?不揣其本而齐其末,方寸之木可使高于岑楼。金重于羽者,岂谓一钩金与一舆羽之谓哉?取食之重者,与礼之轻者而比之,奚翅食重?取色之重者,与礼之轻者而比之,奚翅色重?往应之曰:'紾兄之臂而夺之食,则得食;不紾,则不得食,则将紾之乎?逾东家墙而搂其处子,则得妻;不搂,则不得妻;则将搂之乎?'"

此章自表面读之，孟子以常识性逻辑驳任人难屋庐子之说。所谓"不揣其本而齐其末，方寸之木可使高于岑楼"是也。然细玩文义，实关系人生饮食男女两大要事。人生不能不饮食，不能不婚嫁，然必以礼法绳之。此即所谓发乎情止乎礼义之道，而孟子乃自另一视角言之耳。战国之时，男女大防已渐崩坏，故孟子始以东家有处子为喻。此存在决定意识之明证。世传宋玉作《登徒子好色赋》，实以孟子此事为出典也，读文学作品者不可不知。

曹交问曰："人皆可以为尧舜，有诸？"孟子曰："然。""交闻文王十尺，汤九尺，今交九尺四寸以长，食粟而已，如何则可？"曰："奚有于是？亦为之而已矣。有人于此，力不能胜一匹雏，则为无力人矣；今日举百钧，则为有力人矣。然则举乌获之任，是亦为乌获而已矣。夫人岂以不胜为患哉？弗为耳。徐行后长者谓之弟，疾行先长者谓之不弟。夫徐行者，岂人所不能哉？所不为也。尧舜之道，孝弟而已矣。子服尧之服，诵尧之言，行尧之行，是尧而已矣；子服桀之服，诵桀之言，行桀之行,是桀而已矣。"曰:"交得见于邹君,可以假馆,愿留而受业于门。"曰:"夫道,若大路然,岂难知哉?人病不求耳。子归而求之,有余师。"

曹交盖不学无术之人,徒以己身高九尺四寸而思与汤及文王比肩,而不思内省其德,故以问孟子。孟子惟告以孝悌之道,而不及其余。以为尧舜之道亦不外孝悌而已,且拒其为及门弟子。此犹本篇末章所记"予不屑之教诲也者,是亦教诲之而已矣"之意。

公孙丑问曰:"高子曰:'《小弁》,小人之诗也。'"孟子曰:"何以言之?"曰:"怨。"曰:"固哉,高叟之为诗也!有人于此,越人关弓而射之,则己谈笑而道之;无他,疏之也。其兄关弓而射之,则己垂涕泣而道之;无他,戚之也。《小弁》之怨,亲亲也。亲亲,仁也。固矣夫,高叟之为诗也!"曰:"《凯风》何以不怨?"曰:"《凯风》,亲之过小者也;《小弁》,亲之过大者也。亲之过大而不怨,是愈疏也;亲之过小而怨,是不可矶也。愈疏,不孝也;不可矶,亦不孝也。孔子曰:'舜其至孝矣,五十而慕。'"

此章见孟子之诗论。据朱熹《诗序辨说》,《小弁》实视亲子被谗而亟申怨慕之诗。虽未必为幽王废太子宜臼自作,要之为怨诗可知。昔人称《小雅》怨诽而不乱。怨诗固有其现实意义与美学价值,不得以其怨而斥为小人之诗,故孟子讥高叟为"固"。是就其亲亲立场言之。然至于《凯风》,实为子者自责之作,其母未必生子七人而改适,旧说诚未必是。其为"固"则一也。孟子以为亲之过小,犹依旧说耳。

宋牼将之楚,孟子遇于石丘。曰:"先生将何之?"曰:"吾闻秦、楚构兵,我将见楚王说而罢之。楚王不悦,我将见秦王说而罢之。二王我将有所遇焉。"曰:"轲也请无问其详,愿闻其指。说之将何如?"曰:"我将言其不利也。"曰:"先生之志则大矣,先生之号则不可。先生以利说秦、楚之王,秦、楚之王悦于利,以罢三军之师,是三军之士乐罢而悦于利也。为人臣者怀利以事其君,为人子者怀利以事其父,为人弟者怀利以事其兄,是君臣、父子、兄弟终去仁义,怀利以相接,然而不亡者,未之有也。先生以仁义说秦、楚之王,秦、楚之王悦于仁义,而罢三军之师,是三军之士乐罢而悦于仁义也。为人臣者怀仁义以事其君,为人子者怀仁义以事其父,为人弟者怀仁义以事其兄,是君臣、父子、兄弟去利,怀仁义以相接也,然而不王者,未之有也。何必曰利?"

战国诸侯黩武构兵,实司空见惯。罢兵之道,一说之以利,一说之以仁义。此章与梁惠王篇第一章之旨正同,故孟子力主不以利说诸侯,然宋牼生于战国,倘不以利说人君,人君其孰听之?故战国诸侯及纵横游说之士,皆以孟子言必称尧舜、政必主仁义为迂阔而远于事理。先贤每以为宋牼即宋钘,其说近是。

孟子居邹,季任为任处守,以币交,受之而不报。处于平陆,储子为相,以币交,受之而不报。他日,由邹之任,见季子;由平陆之齐,不见储子。屋庐子喜曰:"连得间矣!"问曰:"夫子之任见季子,之齐不见储子,为其为相与?"曰:"非也。《书》曰:'享多仪,仪不及物曰不享,惟不役志于享。'为其不成享也。"屋庐子悦。或问之,屋庐子曰:"季子不得之邹,储子得之平陆。"

此章犹《论语》孔子说《诗》谓子贡"告诸往而知来者",孟子引《尚书·汤诰》之言,屋庐子即悟孟子见任季子而不见储子之故,此皆读书能得间,举一隅便可三隅反也。

淳于髡曰:"先名实者,为人也;后名实者,自为也。夫子在三卿之中,名实未加于上下而去之,仁者固如此乎?"孟子曰:"居下位,不以贤事不肖者,伯夷也;五就汤,五就桀者,伊尹也;不恶污君,不辞小官者,柳下惠也。三子者不同道,其趋一也。""一者何也?"曰:"仁也。君子亦仁而已矣,何必同?"曰:"鲁缪公之时,公仪子为政,子柳、子思为臣,鲁之削也滋甚。若是乎贤者之无益于国也!"曰:"虞不用百里奚而亡,秦缪公用之而霸。不用贤则亡,削何可得欤?"曰:"昔者王豹处于淇,而河西善讴;绵驹处于高唐,而齐右善歌;华周、杞梁之妻善哭其夫,而变国俗。有诸内必形诸外。为其事而无其功者,髡未尝睹之也。是故无贤者也,有则髡必识之。"曰:"孔子为鲁司寇,不用,从而祭,燔肉不至,不税冕而行。不知者以为为肉也,其知者以为为无礼也。乃孔子则欲以微罪行,不欲为苟去。君子之所为,众人固不识也。"

淳于髡信可谓善辩之士也。然于孟子,实近求全责备之意。孟子始答以仁者之出处未必尽同,以示己之所以不得志于齐,非己不仁,而在于齐王不能行仁政也。然后髡又质以贤者在位,鲁地日削,贤者岂无益于国乎?孟子对此,实不能正面作答。盖鲁之国力不如人,强邻压境,加之以兵,不亡已属万幸。纵贤者在位,亦无可如何。故以百里奚为喻。意谓非贤者无益于国,乃人君有贤臣而不能言听计从耳。然后髡又举三例,以见民之风俗,首重潜移默化。何子思辈不能使民得耳儒目染之风,以至于政令不行,国土日削?岂子思辈非贤者欤?孟子于此,仍不能正面作答,但举孔子去鲁事应之。盖人君有仁臣贤士而不能用,虽孔子亦不得不去,矧己之于齐,尚不及孔子之在鲁也。此与嫂溺援之以手章大旨相似,孟子自有其不得已之苦衷,又不愿以失落感明告淳于髡,故不免支离其词耳。

孟子曰:"五霸者,三王之罪人也;今之诸侯,五霸之罪人也;今之大夫,今之诸侯之罪人也。天子适诸侯曰巡狩，诸侯朝于天子曰述职。春省耕而补不足，秋省敛而助不给。入其疆，土地辟，田野治，养老尊贤，俊杰在位，则有庆，庆以地。入其疆，土地荒芜，遗老失贤，掊克在位，则有让。一不朝，则贬其爵；再不朝，则削其地；三不朝，则六师移之。是故天子讨而不伐，诸侯伐而不讨。五霸者，搂诸侯以伐诸侯者也，故曰：五霸者，三王之罪人也。五霸，桓公为盛。葵丘之会诸侯，束牲、载书而不歃血。初命曰：'诛不孝，无易树子，无以妾为妻。'再命曰：'尊贤育才，以彰有德。'三命曰：'敬老慈幼，无忘宾旅。'四命曰：'士无世官，官事无摄，取士必得，无专杀大夫。'五命曰：'无曲防，无遏籴，无有封而不告。'曰：'凡我同盟之人，既盟之后，言归于好。'今之诸侯皆犯此五禁，故曰：今之诸侯，五霸之罪人也。长君之恶其罪小，逢君之恶其罪大。今之大夫，皆逢君之恶，故曰：今之大夫，今之诸侯之罪人也。"

此孟子之历史观也。自孟子观之，以为五霸不能以礼事天子，而联合部分诸侯以伐不听命于己之诸侯，然后开疆拓土，争为诸侯长，且欲取天子之位而代之，故视之为罪人。其实周行封建制,诸侯日强而王纲解纽,天子徒具空名,此正历史发展之必然也。春秋时代,诸侯日强大,而为霸主如齐桓公,犹能约束诸侯,以五事为盟约内容,令行禁止。及五霸既衰,诸侯上下交征利,犯五禁而见利忘义,日以兵戎相见,强侵弱,众暴寡,陷民于水深火热之中,故又为五霸之罪人矣。各诸侯国之为大夫者,皆自图保性命禄位,惟以君之好恶为好恶,故又为诸侯之罪人矣。以古例今,《联合国宪章》宜为国际所共同遵守;五常任安全理事国,犹春秋时之五霸也。然不遵《联合国宪章》者,往往为某常任理事国中之大者强者;而一国之中,又往往以国家首脑行专制独裁之权者得在位而行政,而政府官员又多畏首畏尾而不敢直言。今人动辄言以史为鉴,读此章,是可以为鉴矣。

鲁欲使慎子为将军。孟子曰:"不教民而用之,谓之殃民。殃民者,不容于尧舜之世。一战胜齐,遂有南阳,然且不可。"慎子勃然不悦曰:"此则滑釐所不识也。"曰:"吾明告子。天子之地方千里;不千里,不足以待诸侯。诸侯之地方百里;不百里,不足以守宗庙之典籍。周公之封于鲁,为方百里也；地非不足，而俭于百里。太公之封于齐也，亦为方百里也；地非不足也，而俭于百里。今鲁方百里者五，子以为有王者作，则鲁在所损乎，在所益乎？徒取诸彼以与此，然且仁者不为，况于杀人以求之乎？君子之事君也，务引其君以当道，志于仁而已。"

此章为孟子之反战观。战国时战祸频繁，无非攻城略地。盖生产力滞后，而统治者贪欲无已，非攻城略地以增加人口与田亩，不足以餍其欲。当时鲁已日益衰微，齐为强邻，威胁至大。慎滑鳌乃欲以兵力取齐地，风险在所难免。孟子则以为鲁之初封仅限在百里之内，今已有其五倍，自不宜再行开拓。而其理念则行仁政，宜乎不为鲁之君臣所认同矣。"俭"同"检"，检束之意，"俭于百里"，即限于百里之内。与"温良恭俭让"之"俭"同义。

孟子曰："今之事君者皆曰：'我能为君辟土地，充府库。'今之所谓良臣，古之所谓民贼也。君不乡道，不志于仁，而求富之，是富桀也。'我能为君约与国，战必克。'今之所谓良臣，古之所谓民贼也。君不乡道,不志于仁,而求为之强战,是辅桀也。由今之道,无变今之俗,虽与之天下,不能一朝居也。"

此当与上章合看。战国之君臣,惟辟土地、充府库是务,惟以战争攻城略地是务。孟子力非之,视良臣良将为民贼,视诸侯之君为桀纣,故其结论为"虽与之天下,不能一朝居"。及秦统一天下,二世而亡,是孟子诚为预言家,果不幸而言中矣。

白圭曰:"吾欲二十而取一,何如?"孟子曰:"子之道,貉道也。万室之国,一人陶,则可乎?"曰:"不可,器不足用也。"曰:"夫貉,五谷不生,惟黍生之。无城郭、宫室、宗庙、祭祀之礼,无诸侯币帛饔飧,无百官有司,故二十取一而足也。今居中国,去人伦,无君子,如之何其可也?陶以寡,且不可以为国,况无君子乎?欲轻之于尧舜之道者,大貉小貉也;欲重之于尧舜之道者,大桀小桀也。"

此孟子之进化论也。自周以来,税法为十取其一。战国以降,取于民远逾其数。今白圭拟以二十取一,似欲宽民之税法,而实不可行,故孟子以为是将使社会退化,其后果亦将使社会动乱。孟子之言虽非定论,然可以借鉴。所谓以民为本,正须取予得中。过与不及,皆为民害。

> 白圭曰:"丹之治水也愈于禹。"孟子曰:"子过矣。禹之治水,水之道也。是故禹以四海为壑,今吾子以邻国为壑。水逆行,谓之洚水。洚水者,洪水也。仁人之所恶也。吾子过矣。"

以邻为壑,今已为贬义成语,所谓嫁祸于人是也。今之求政绩者,往往以邻为壑。即如今之工程,亦有如是者,此孟子所谓"仁人之所恶也"。岂有仁人在位,罔民而可为也?

> 孟子曰:"君子不亮,恶乎执?"

不亮者,不讲诚信,不足取信于民也。然犹固执己见,知过不改。读《孟子》至此章,虽仅片言,已令人长太息矣。

鲁欲使乐正子为政。孟子曰:"吾闻之,喜而不寐。"公孙丑曰:"乐正子强乎?"曰:"否。""有知虑乎?"曰:"否。""多闻识乎?"曰:"否。""然则奚为喜而不寐?"曰:"其为人也好善。""好善足乎?"曰:"好善优于天下,而况鲁国乎?夫苟好善,则四海之内,皆将轻千里而来告之以善。夫苟不好善,则人将曰:'訑訑,予既已知之矣。'訑訑之声音颜色,距人于千里之外。士止于千里之外,则谗谄面谀之人至矣。与谗谄面谀之人居,国欲治,可得乎?"

孟子所取于乐正子者,在于"其为人也好善"。所谓好善,鄙意在于能宽容而纳忠言。苟能宽容而纳忠言,既无拒人千里之外之颜色,又不予谗谄面谀之人以可乘之机。故得孟子之首肯。今之为政者,或竟居高临下,拒人千里之外;又或喜近谗谄面谀之人,使阿其所好者日夤缘跻于高位。夫如是,国虽治,可得乎?

陈子曰:"古之君子何如则仕?"孟子曰:"所就三,所去三。迎之致敬以有礼,言将行其言也,则就之;礼貌未衰,言弗行也,则去之。其次,虽未行其言也,迎之致敬以有礼,则就之;礼貌衰,则去之。其下，朝不食，夕不食，饥饿不能出门户。君闻之，曰：'吾大者不能行其道，又不能从其言也，使饥饿于我土地，吾耻之。'周之，亦可受也，免死而已矣。"

所谓"所就三，所去三"，盖谓士之出处大节也。使扶贫政策不能切实到位，不过使其民免死而已，其去民穷财尽亦不远矣。

孟子曰："舜发于畎亩之中，傅说举于版筑之间，胶鬲举于鱼盐之中，管夷吾举于士，孙叔敖举于海，百里奚举于市。故天将降大任于是人也，必先苦其心志，劳其筋骨，饿其体肤，空乏其身，行拂乱其所为，所以动心忍性，曾益其所不能。人恒过，然后能改；困于心，衡于虑，而后作；征于色，发于声，而后喻。入则无法家拂士，出则无敌国外患者，国恒亡。然后知生于忧患而死于安乐也。"

仆向有小文专论此章，见后附，且加笺释，今不赘。

孟子曰："教亦多术矣，予不屑之教诲也者，是亦教诲之而已矣。"

不屑教诲是亦教诲之道,其言诚是,而能从中领悟其旨者鲜矣。仆宁取孔子"诲人不倦"之义。

附:《孟子·舜发于畎亩之中章》笺析

一 前 言

本篇见于《孟子·告子下》,是一篇思想健康、结构谨严、篇幅简短而语言精练的说理文,与《孟子》中许多气势浩瀚、议论纵横的论辩体文章在风格上有所不同。作为一篇古典范文,原很合适。只是由于它是儒家第二号人物孟轲的言论,因此在那乌烟瘴气、人妖颠倒的"评法批儒"的年月里,就遭到永世不得翻身的命运。经过十年浩劫,重温这篇文章,我们感到:中国人民和广大优秀正直的中国共产党党员在"四害"横行时受到史无前例的折磨和锻炼,这对我们承担实现四化的"大任"来说,尽管付出的代价是太大了,但在某种意义上也未尝不是好事。特别是在今后新长征的道路上,困难和阻力当然还是有的,而人民生活会日益改善、物质生产会日益提高的美好前景,却也并非十分遥远的事。那么,"生于忧患,死于安乐"的提法,即使在将来也仍不失其积极的借鉴作用。这就是我们把这篇短文介绍给读者的原因和目的。

二　笺　注

（笺注略加考释，包括笔者看法在内，不仅仅是一般疏通字句。）

[1]舜：儒家传说中的古代圣君。本在历山耕田，受到父母虐待。后被尧选拔，代尧为君。　发：《广雅》作"举"解，则与下文若干"举"字同义，于古汉语为受式。"发于""举于"，都是被起用、被选拔的意思。但清人刁包《四书翊注》云："舜独言'发'，君也，奋起自己（由自己奋发而兴起）也；五人皆言'举'，臣也，甄拔自人（由别人甄选提拔而被任用）也。"其说可供参考。　畎：音犬，同甽，原指深一尺、广一尺的田间水沟。如"畎亩"连用，则泛指田地。然义亦微有区别。《国语·周语》："或在畎亩。"韦昭注："下曰畎，高曰亩。亩，垄也。"《庄子·让王篇》司马彪注："垄上曰亩，垄中曰畎。"（见《经典释文》引）又成玄英《庄子疏》："垄上曰亩，垄下曰畎。"

[2]傅说(yuè)：殷高宗武丁时贤相。相传傅说被判徒刑，给人当了泥瓦匠，被武丁访求，举以为相。　版：筑墙用的木板。古代筑墙，两边用木板夹起，中填

土石，然后加以夯筑使之牢固。这里"版筑"连用，指泥瓦匠的劳动。

[3]胶鬲：殷纣时贤人，贩卖鱼盐，为周文王所举用，后佐周武王。鬲有二音：作为人名或姓氏音隔(gé)；作为容器(所谓"鼎鬲"或"釜鬲")音历(lì)。

[4]管夷吾：即管仲。仲初佐齐公子纠。纠与公子小白争夺君位，管仲曾箭射小白，误中衣上带钩，故小白未死。及小白立为齐桓公，公子纠死，管仲下狱。经鲍叔牙推荐，桓公举管仲于狱中，任他为相，齐国大治。

士：旧注皆指主管囚犯的司法官。但"士官"本狱名，与"囹圄"等名称相类（见蔡邕《独断》）。《孟子·梁惠王下》："士师不能治士。"赵岐注："士师，狱官吏也，不能治狱。"则"士师"乃狱官，而"士"乃狱也。此处之"士"，疑亦为"士官"之省称，实指狱而言。下文"举于海""举于市"，"海""市"皆为具体地点，则"士"似亦不当指狱官。

[5]孙叔敖(áo)：楚庄王时贤相。据清毛奇龄《经问》的考订，孙叔敖原是淮海地区蓼国的处士。庄王灭蓼，遂举孙叔敖于海滨，用为令尹（楚国宰相称令尹）。

海：指今淮海地区。当时是荒僻之地。详见清焦循《孟子正义》。

[6]百里奚:春秋时虞国大夫。后见虞将亡,逃往楚国,做了奴隶。秦国的商人用五张羊皮把他赎回,被秦穆公发现而委以重任。 市:集市。古代奴隶也同货物一样可在集市贩卖。

[7]大任:等于说重担。任,本指行李之类。《孟子·滕文公上·许行章》:"门人治任将归。" 是人:这一类人,指上述所谓圣君贤相。

[8]空(kòng)乏:本是状词,这里作及物动词用。这句指缺乏资财而贫穷。

[9]行(xíng):具体行动,引申为经历、遭遇。 拂:违反。 乱:干扰,打乱。 所为:这里指事先的计划、打算。这句说客观的不幸遭遇打乱了他预先打算要做的事。

[10]动心:震撼其心。 忍性:坚忍其性。

[11]曾益其所不能:这句说增加了他原来不具备的能力。

[12]恒:经常。这两句说人经常犯错误,但只要从中吸取教训,是可以改正错误的。

[13]衡:通"横"。有错综的意思。衡于虑:指思想上有矛盾斗争,在心里横七竖八地摆脱不开。 作:振作,奋起。

[14]征：体现，验证。　发：发作起来。　喻：理解，觉悟。这里的"声""色"指别人的脸色或语声（有的注解释为自己的面色和语声，则与下文"喻"字不好贯穿起来讲）。一个人犯了错误，别人就会把不满的情绪摆在脸上给你看，说不入耳的话让你听，这才使自己认识到犯了错误。

[15]法家：指守法度的世族臣僚。　拂：同"弼"，辅助、匡正的意思。　弼士：辅弼之士，即敢于提出意见来纠正国君的错误以辅佐他把国家治理好的人。

三　简　析

这篇短短的说理文，所论的内容主要是为封建统治者考虑，如何才能保持和巩固其统治权。从这一点说，它当然是为封建统治阶级服务的。但孟子对问题的看法在当时还是有进步意义的，在今天仍不失其借鉴作用。他认为一个最高统治者要负荷治天下的重任（是上天把这副担子加到他身上的），必须了解民间疾苦；就这些统治者本身来说，应该亲身体验体验这些疾苦，即使是作为对自己的磨炼（孟子则说是上天有意识地要磨炼他们），也是完全必要的。文章的结构很有意思。一共是四个自然段，除最末一段是结论（即题旨），用以点明作意外，前三段共三层，在提法上是两正一反。然后水到渠成地点出题旨来。

第一段,孟子从正面举出从上古到春秋时代一系列的圣君贤相作为当时统治者的榜样,说明这些大有作为的人出身微贱,在施展其作为以前,都在困苦的环境中经过不同程度的锻炼和考验,然后才干出了治国平天下的大事。一个人多吃点苦,多受点罪,看上去像坏事,其实倒是好事。因为这样可以"曾益其所不能",对负担"大任"有好处。就修辞造句的特点来看,一上来平列了六个人,形成排句。但在整齐中也略有变化。舜是君,其他五人是臣。"发"和"举"在意义上有所不同,已详笺注。畎亩、版筑、鱼盐是名词,而有农耕、匠役、商贩等性质上的区别,都是用双音代表一事,下面加上"之中""之间"等字样作为补充;而士、海、市则为单音名词,都指具体所在地(因而可以不再用"之中"等字样了),但就其所在地也体现出所举之人有罪犯、隐者和奴隶等身份上的差异。这就显得文章不平板,所举的人各有其不同的代表性(但又有共性),因而不是统计表而是写文章。

下面"苦其心志"等五句也是排句,但四短一长,句式仍小有变异。苦、劳、饿、空乏、拂乱等都是动词,但有单、双音之分。"苦其心志"是指精神世界受折磨,

"劳其筋骨"是指体力方面被消耗;"饿其体肤"二句,是指生活上吃苦,即挨饿与受穷。这四句是从主观方面说的,即一个人的身心受到痛苦的磨炼;而第五句则是从客观方面说的,即自己的打算、意图被客观上的障碍和阻力给干扰、打乱了,要做的事做不成功。这从实际意义上说,比个人身心所受的打击可能还要严重些。但这样痛苦的磨炼却能使一个人"动心忍性",增长生活见识和人生经验。"动心"和"忍性"看似平列,实有先后之分,即先"动心"然后才能"忍性",而重点更在于"忍性"(光使精神受到震撼是不够的,必须磨炼得对人、对事、对困难能坚韧不拔),故似平列而实有所侧重。最后一句归结并落实到承担"大任"上,所谓"曾益其所不能",就是指这些人本来不善于或者竟不会、不敢承担"大任",而现在本领增长了,信心加强了,对如何统治天下有了进一步的理解,并培训和增加了治天下的工作能力。也就是说,这一番痛苦的磨炼,未尝不是这些人成为圣君贤相的一个必要的步骤,是他们进步转化的关键。

第二段,作者从正面说到一般人总是有可能犯错误的,然而不经一事,不长一智,只有接受教训,才能改正错误。换言之,人只有在犯错误的过程中才有提高认识、改正错误的可能性。犯错误当然是坏事，但也未尝不会变为好事，因为这可以使人改过自新。不过改正错误也并不那么简单，既要经过内心的思想斗争，又要承受外界的压力影响。对一个犯错误的人来说，越是在他内心展开斗争或是外界施加压力的时候，越会感到犯错误是坏事。然而内心的斗争和外在的压力又是促进自己觉悟的关键，通过内外的斗争和压力，可以使人尽快改正错误，于是坏事仍能变成好事。这一段又分三层。第一层是总说，说明犯错误与改过自新两者的关系。以下两层是分说，先说主观上的思想斗争，后说客观上的外在压力。"困于心"是思想上走投无路，"衡于虑"是自己内心的正反两种思想认识在斗争；"作"则是感性上的奋发图强，是下决心的表示。至于"征于色""发于声"，则是通过客观压力对自己的冲击而引起的反省，"喻"是理性上有所认识并有所觉悟，这样自己才感到非改不可。可见光有决心而缺乏认识是不行的；但有了认识而下不了决心，仍旧改正不了错误。孟子在这儿把犯错误的人如何由"知过"转化为"必改"的心理活动算是琢磨到家了。可是他一共才用了十八个字。这种认识深度和概括能力是惊人的。然而也正由于认识深刻，才能概括得如此精练。可见写文章的精练透辟与否,是同认识的深浅分不开的。

第三段却从反面说,一个最高统治者,内无"法家拂士",就可以听不到逆耳的忠言,遇不上什么扫兴的阻拦,为所欲为,爱怎样就怎样,办事说话,发号施令,全很舒心。外无敌国,则可惟我独尊;无外患,则可高枕无忧。这一切看起来很顺利,像是好事,结果却会放松警惕,麻痹斗志,贪图享乐,苟且偷安,而国家就在这种情况下走向灭亡,终于变成无法挽回不可收拾的坏事。作者说"入""出",犹言"内""外"。但"内""外"只表静态,如说国内国外,朝廷之上或四境之外。而"入"则有内顾的涵义,"出"则有与四邻各国发生交往之意,是两个表动态的词,较"内""外"更准确、更生动,涵义也更丰富。"法家"的"家"是"世家"的意思,故"法家"指世臣、旧臣。"拂士"则指敢于抗君命、匡君过的知识分子,是新兴、新进之臣。"敌国",敌体之国,即势均力敌的邻国。"外患",由外因导致的忧患。忧患是可以致人死命,可以使国家灭亡的;相反,安乐是可以使人满足,使人幸福的。可是作者行文至此,写下了"国恒亡"之后,紧接着有意识地用反话作了总结,点明了一篇的题旨,而以"然后知"作为这第三段和第四段之间相互的关联,这三个字"就上文三意看出,有恍然而悟光景"(《苏批孟子》)。

总之,这样两正一反的三层意思,足以说明好坏事是可以互相转化的。从这些事例出发,对实际生活现象作出有力的概括,总结了生活中的辩证法,所以使人信服。然后就在这个基础上得出了最后的结论:"生于忧患而死于安乐"。其所以有很强的说服力,正由于作者是从正反两面说的,而且说得生动、真实、深刻。其所以生动,是由于作者把道理讲活了;其所以真实,是作者以现实生活为依据、以历史事实为验证的结果;其所以深刻,则在于作者把道理挖掘得很透,言简意赅,文字中含有丰富的内容,其涵义的密度是相当大的。

以上是就文章的结构来分析其表达思想内容的手法。下面我们还可以就孟子在文中所举的几种类型的"人"来分析。上面说过,孟子这篇短文的主旨在于警告最高统治者。而第三层从反面立论,那个"入则无法家拂士,出则无敌国外患者"的"者",就是他所要警告的对象的代称,这很容易理解。而第一层所说的"天将降大任于是人"的"人",就是一开头所列举的圣君贤相,他们是普通人而又非普通人,既是出身微贱的人,又是地位高贵的人。这些人,是作者为当时存在的统治阶级树立的正面榜样。这一层也好理解。而第二层所谓"人恒过,然后能改"的人,则指的是一般人,可以指被统治阶级,也可以指统治阶级中的比较下层的人,至少是没有贵族身份的人。作者为什么提到各个阶层、各种不同类型的"人"呢?这同孟子思想中的进步因素有关系。在西周时代,贵族永远是贵族,永远处于统治地位;一般人是不可能取而代之的。经春秋而到战国,即到了孟轲所生活的时代,旧的奴隶主贵族有的垮了,有的转化为新兴地主阶级了,"士"的地位则提高了。于是儒家学派中代表人物如孔丘、孟轲,提出了"尧舜与人同耳""人皆可以为尧舜"的观点,认为普通人与贵族统治阶级之间有了一定的共性。孟子在这篇短论中就论证了这一点。第一段里孟子所提到的那些大人物,原来并非大人物;而是小人物经过了刻苦磨炼而成了大人物。第二段则指出,因犯错误而产生思想斗争并受到外来压力,是任何人,特别是大多数的普通人,都能遇到的。第三段说,当前在位的统治者未必都是圣君贤相,那么他们也应该尝尝普通人以及由普通人变成的圣君贤相所遇到的苦头。如果不尝点苦头,就很可能倒大霉,面临亡国之惨祸。三层用三种人做例证,所以我们才感到丰富、全面。

这四段文章的表现手法也各不相同。第一段用的是铺排写法。这是为了达到以下的目的：一、列举了很多大人物（圣君贤相），一面表示历史上这样的由普通人转化而成的大人物远远不止一个,现今的统治阶级并非不可企及;另一方面表示作者在引经据典,绝非单例孤证,以增强说服力。二、孔、孟是言必称尧舜的,并强调"人皆可以为尧舜""尧舜与人同"的,必须多举例证以起到示范作用。三、必须着力描写承担"大任"者受折磨的具体情况,来加强自己的论点。第二段用的是因果写法,说明犯错误与改正错误（包括"过而能改"和"知过必改"以及改过是坏事变好事等）的辩证关系（这是孟轲从生活经验中得到的朴素辩证法）。第三段在前两段基础上从反面来说,加强了警告作用,这叫反衬法。第四段是总结,为了收束有力,并对上文两正一反三层文字作出相应的概括,所以用对比写法。总之,第一层广,第二层深,第三层因反写而显得锋锐警策,第四层不对比不足以力绾全篇,并且只有对比才显示出本文对当时封建统治阶级有多么重大的利害关系。然而,这样一篇文章还不到一百五十字呢!

卷十三　尽心上

孟子曰："尽其心者,知其性也。知其性,则知天矣。存其心,养其性,所以事天也。夭寿不贰,修身以俟之,所以立命也。"

孟子曰："莫非命也,顺受其正。是故知命者,不立乎岩墙之下。尽其道而死者,正命也。桎梏死者,非正命也。"

此二章为宋明诸儒性命之学的主要依据,深奥玄秘,难得其解。而理学家之言甚纷呶无已。鄙意释此二章无须刻意求深。所谓"尽心",即与梁惠王所言"尽心焉耳矣"之"尽心"同义,意谓殚思竭虑,尽己最大努力以完成心目中之最高目标,如此而已。人能尽其心,则知其人之性乃求止于至善者。夫"天命之谓性",如人能自知其性,则自然"知天"矣。存其殚思竭虑之心,以养其求止于至善之性,则于天也自然敬而事之,孔子所谓畏天命是也。天命如何,人不能预知,惟修身以俟之。然修身矣,而未必不遇逆境,惟顺受其正而已。虽然,知命者不可自蹈死路,徒死无益,故不立乎岩墙之下。至于杀身成仁,舍生取义,是尽其道而死者,乃为正命。触犯刑律,因己之恶而致死,则非正命,虽死而犹有余辜,所谓自作孽不可活,故不足惜也。

> 孟子曰:"求则得之,舍则失之,是求有益于得也,求在我者也。求之有道,得之有命,是求无益于得也,求在外者也。"

我求为善,不求则失之,则己自应力求且躬行实践;如求之有道,而客观条件或环境机遇不使己得之,则虽求而无益于得,故言"求在外"。然孔子主入世,虽知其不可而犹为之;孟子则但言视外在条件与环境是否有益于得。此犹君子知命,不立乎岩墙之下,不强其必得也。

孟子曰:"万物皆备于我矣。反身而诚,乐莫大焉。强恕而行,求仁莫近焉。"

此章首句乃结论。己能"反身而诚","强恕而行",自然"万物皆备于我"。今人述孟子语,但引此一句,遂贻人以唯心主义之讥,是断章取义耳。

孟子曰:"行之而不著焉,习矣而不察焉,终身由之而不知其道者,众也。"

此章孟子盖劝众人应以理性指导己之言行,不宜但凭感情用事或由下意识盲目行事。关键在于"知其道"。故孔子有名言:"朝闻道,夕死可矣。"

孟子曰:"人不可以无耻。无耻之耻,无耻矣。"

焦循释"无耻之耻",谓"之"者往也,人由无耻而知有耻,自然终身无复有耻辱之累。鄙意不然。夫"无耻",贬义词也,人已无耻,则其非人也可知;而犹行可耻之事,则其人无耻已极,必不可救药矣。

孟子曰:"耻之于人大矣。为机变之巧者,无所用耻焉。不耻不若人,何若人有?"

此承上章而言,言人但为机变之巧,自然不知耻为何物;人而不求上进,虽明知不如人而犹甘居下流,则其人将永无追及他人之可能矣,是无耻者之恶果也。

孟子曰:"古之贤王好善而忘势,古之贤士何独不然?乐其道而忘人之势。故王公不致敬尽礼,则不得亟见之。见且由不得亟,而况得而臣之乎?"

此可以与《战国策·齐策》"齐宣王见颜斶"章参看。在上者鲜能忘其权势,而为士者欲希名利,鲜有不慕势者。孟子之言,正对此而发。

孟子谓宋句践曰:"子好游乎?吾语子游。人知之,亦嚣嚣;人不知,亦嚣嚣。"曰:"何如斯可以嚣嚣矣?"曰:"尊德乐义,则可以嚣嚣矣。故士穷不失义,达不离道。穷不失义,故士得己焉;达不离道，故民不失望焉。古之人，得志，泽加于民；不得志，修身见于世。穷则独善其身，达则兼善天下。"

"嚣嚣"已见《万章下》。赵岐注"嚣嚣，自得无欲之貌。"朱熹《集注》引之。焦循引《尔雅·释言》郭注："嚣然，闲暇貌。"朱起凤《辞通》谓"嚣嚣"即"嘐嘐"，训大言不惭貌，而以赵、朱之训为非。鄙意"嚣嚣"之"嚣"似为"翛"之通假字，《庄子·大宗师》有"翛然而往""翛然而来"之语，盖自然超脱之意，与"自得无欲"义正相合。至于《诗·鸱鸮》"翛翛"之训残缺败落，乃别一义。又，此章关键语乃"穷则独善其身，达则兼善天下"二句，故禹、稷与颜回，易地则皆然也。

孟子曰："待文王而后兴者，凡民也。若夫豪杰之士，虽无文王犹兴。"

近人吴闿生以为"豪杰之士"乃孟子自谓。然孟子之世无文王其人，孟子亦无由"兴"，此不过孟子自述其理想耳。

孟子曰:"附之以韩、魏之家,如其自视欲然,则过人远矣。"

此即孔子言富"如不可求,从吾所好"与孟子言"富贵不能淫"之义。

孟子曰:"以佚道使民,虽劳不怨;以生道杀民,虽死不怨杀者。"

以佚道使民,在上者使民以仁心仁术也,故民虽劳不怨;以生道杀民者,谓执法者公正无私,故虽死不怨。如管仲夺伯氏邑与诸葛孔明挥泪斩马谡,皆使受者无怨。无他,公而无私耳。

孟子曰:"霸者之民,驩虞如也;王者之民,皞皞如也。杀之而不怨,利之而不庸,民日迁善而不知为之者。夫君子所过者化,所存者神,上下与天地同流,岂曰小补之哉?"

霸者成事,民亦得其赐,故驩虞如也,"驩虞"即"欢娱"。如孔子之赞管仲是也。然王者之民,如击壤而歌者,反不知帝力于我何有矣。"杀之而不怨"三句,自指王者之民言之。"君子"指王者而言,谓其功德可上下与天地同流,非不无小补者,如尧舜是也。盖战国末叶,即霸者亦难得。霸者犹可小补于当世,而王者则大而化之,存而神之,不独小补而已。

孟子曰:"仁言,不如仁声之入人深也。善政,不如善教之得民也。善政,民畏之;善教,民爱之。善政得民财,善教得民心。"

仁言者,犹今之好话多说,然为政者往往徒托空言而不见诸行动。仁声,指为政者之言行举止皆合于民心,民乃于为政者有颂声之谓。善政,朱熹释为"谓法度禁令,所以制其外也";善教,则以孝悌忠信诸伦理道德对民进行正面教育,故民爱之,且使执政者得民心。得民财,民未必能安居乐业,故终不及得民心之难能可贵。

孟子曰:"人之所不学而能者,其良能也;所不虑而知者,其良知也。孩提之童,无不知爱其亲者;及其长也,无不知敬其兄也。亲亲,仁也;敬长,义也。无他,达之天下也。"

良知良能之说,始见于此,即性善论之根本依据。良知,即人皆有不忍人之心;良能,即人先天不待学而能者,如婴儿生而知吮母乳,男子成年知好色则慕少艾之类是也。而孟子以为性善之表现,重在知仁义,即孝亲与敬长。持性恶论者,纵令之孝亲与敬长,然"其善者伪也",终属无源之水。故荀子于仁义之外强调"礼",而李斯、韩非则进而强调"法"。此自孔子已知之,故其言曰:"道之以政,齐之以刑,民免而无耻。道之以德,齐之以礼,有耻且格。"盖性善者始能知耻,性恶者虽免而无耻。良知良能,必知耻而后可以发扬光大也。

> 孟子曰:"舜之居深山之中,与木石居,与鹿豕游,其所以异于深山之野人者几希。及其闻一善言,见一善行,若决江河,沛然莫之能御也。"

此亦孟子强调性善说之明证。如换位而言之,虽深山之野人,能闻一善言、见一善行,亦可以成尧舜。此即孟子之所以言"人皆可以为尧舜"之依据也。

孟子曰:"无为其所不为,无欲其所不欲,如此而已矣。"

"所不为"者,所不当为之事,即不仁不义之事也。"所不欲"者,超出所当欲之范围,如好色而淫乱,贪财而枉法之类是也。不为不当为之事,不欲非礼非分之欲,则洁身自好者多,人际可以和睦相处,社会亦可安定团结矣。

孟子曰:"人之有德慧术知者,恒存乎疢疾。独孤臣孽子,其操心也危,其虑患也深,故达。"

人有才智,而往往生不逢时,四处碰壁。独孤臣孽子,其初生即处于逆境之中,故时时操心虑患,历险恶艰辛而能战胜之,反而能促成其遂愿达志,此与"舜发于畎亩"一章可互参。

孟子曰:"有事君人者,事是君则为容悦者也。有安社稷臣者,以安社稷为悦者也。有天民者,达可行于天下而后行之者也。有大人者,正己而物正者也。"

此章言人有四等,皆指为臣民者。"事君人者",专以取悦于君为事,以求己之富贵利达者也。"安社稷臣者",以佐君安社稷为事,管仲、诸葛孔明之属是也。"天民",则不必力求仕进,如朱熹所谓"宁没世不见知而不悔,不肯小用其道以殉于人"者,如陶渊明是也。而真正之"大人",惟思正己,则物自正。不必出仕,亦不必求名利,惟行己之正而已。此诚世所罕见者,故史迁以伯夷居列传之首,良有以也。

> 孟子曰:"君子有三乐,而王天下不与存焉。父母俱存,兄弟无故,一乐也;仰不愧于天,俯不怍于人,二乐也;得天下英才而教育之,三乐也。君子有三乐,而王天下不与存焉。"

此孟子游诸侯而无功,归而不得已求其次,故言三乐者,虽王天下不与存也。然仰不愧天,俯不怍人,已大不易。若得天下英才而教育之,则己之道不行,惟寄希望于下一代耳。此犹孔子"有朋自远方来不亦乐乎"之义。

孟子曰:"广土众民,君子欲之,所乐不存焉。中天下而立,定四海之民,君子乐之,所性不存焉。君子所性,虽大行不加焉,虽穷居不损焉,分定故也。君子所性,仁义礼智根于心。其生色也,睟然见于面,盎于背,施于四体,四体不言而喻。"

此即《大学》修齐治平正心诚意之旨,所谓"壹是皆以修身为本"是也。"大行不加"、"穷居不损",即"富贵不能淫,贫贱不能移,威武不能屈"之意。

孟子曰:"伯夷辟纣,居北海之滨,闻文王作兴,曰:'盍归乎来?吾闻西伯善养老者。'太公辟纣,居东海之滨,闻文王作兴,曰:'盍归乎来?吾闻西伯善养老者。'天下有善养老,则仁人以为己归矣。五亩之宅,树墙下以桑,匹妇蚕之,则老者足以衣帛矣。五母鸡,二母彘,无失其时,老者足以无失肉矣。百亩之田,匹夫耕之,八口之家足以无饥矣。所谓西伯善养老者,制其田里,教之树畜,导其妻子,使养其老。五十非帛不暖,七十非肉不饱。不暖不饱,谓之冻馁。文王之民,无冻馁之老者,此之谓也。"

此章之意,孟子数言之,以为此乃王道之始。文王之道,犹王道也。此孟子之政治理想,故屡及之。然战国之时,民已有冻馁之虞,故孟子以民无冻馁为王道之最低标准。

孟子曰:"易其田畴,薄其税敛,民可使富也。食之以时,用之以礼,财不可胜用也。民非水火不生活,昏暮叩人之门户,求水火,无弗与者,至足矣。圣人治天下,使有菽粟如水火。菽粟如水火,而民焉有不仁者乎?"

此章章旨与上章同,所谓圣人治天下,使有菽粟如水火,亦属最低标准。

孟子曰:"孔子登东山而小鲁,登泰山而小天下。故观于海者难为水,游于圣人之门者难为言。观水有术,必观其澜。日月有明,容光必照焉。流水之为物也,不盈科不行;君子之志于道也,不成章不达。"

此章所论"观水有术"与"日月有明"本二事,而魏武诗《观沧海》乃合而言之。读此章而后诵魏武诗,始能悟其诗之沉雄豪迈之美,否则但以为记景而已,不惟不悟孟子之志,亦不能窥魏武之襟怀。

> 孟子曰:"鸡鸣而起,孳孳为善者,舜之徒也。鸡鸣而起,孳孳为利者,跖之徒也。欲知舜与跖之分,无他,利与善之间也。"

孔孟皆尝以义利并举,此则以善与利并举。盖舜行善政即为仁政,亦即王道。以善与利对举,盖溯其本而言之。

> 孟子曰:"杨子取为我,拔一毛而利天下,不为也。墨子兼爱,摩顶放踵利天下,为之。子莫执中,执中为近之,执中无权,犹执一也。所恶执一者,为其贼道也,举一而废百也。"

孟子解杨墨,已见前篇。此虽言杨墨,实论执中之利弊。盖执中不知权变则太胶执,其实质乃执一,执一则害道矣。今之所谓一言堂者,其弊即在举一而废百也。故为政者往往其言似执中,而其行则执一,其弊至于铸大错而不自知,且不知悔,于是民不堪命矣。

孟子曰:"饥者甘食,渴者甘饮,是未得饮食之正也,饥渴害之也。岂惟口腹有饥渴之害?人心亦皆有害。人能无以饥渴之害为心害,则不及人不为忧矣。"

焦循曰:"饥渴者急欲得食,故以不甘为甘。"人心之桎梏一旦解脱,众乃饥不择食矣。急功近利,世风浮躁,皆反弹之过也。

孟子曰:"柳下惠不以三公易其介。"

陆德明《音义》:"介,谓特立之行。"焦循《正义》引刘熙云:"介,操也。"《北山移文》有"耿介拔俗"之语,自以刘、陆之说为长。盖柳下惠三仕三见黜于君,而其志不改,"进不隐贤,必以其道",虽以朝衣朝冠坐于涂炭亦不以为忤,是真特立之行矣。

孟子曰："有为者辟若掘井，掘井九轫而不及泉，犹为弃井也。"

此与"为山九仞，功亏一篑"同义。

孟子曰："尧舜，性之也；汤武，身之也；五霸，假之也。久假而不归，恶知其非有也。"

五霸假之者，假仁义之名，而行霸业之实也。久假而不归有三解：一谓久假不归，即为真有。盖五霸虽非真行仁义，犹得使民沾溉其泽。一谓假借仁义之名，以求济其贪欲之私。此二义正相反。另一则谓叹世人莫觉其伪，朱熹以为亦可通。鄙意孟子处战国之世，诸侯互不相让，民生不堪其扰。五霸虽假仁义之名，犹视战乱频仍、陷民于水火之中为愈。故孟子以为虽久假不归，而于民未觉无利，虽功烈视尧舜汤武为卑，亦胜当时诸侯一筹，故曰"恶知其非有"。其词若有憾焉，其实乃叹今不如昔也。

公孙丑曰："伊尹曰：'予不狎于不顺。'放太甲于桐，民大悦。太甲贤，又反之，民大悦。贤者之为人臣也,其君不贤,则固可放与?"孟子曰:"有伊尹之志,则可;无伊尹之志,则篡也。"

判断此事有二前提。一曰,伊尹之行,民皆大悦,故以臣放君,当视民心向背而定其是非。若共伯之放周厉王,即世称"共和"之始,以视民心之向背而定其是非也。二曰伊尹见太甲贤,乃反之。若后世篡位易号之权臣,必无"反其君"者。此能"反其君",即证明伊尹之非篡。然后世统治者每假仁义之美名行罪恶之事实,且以伊尹为借口,则大可畏矣。故读此章之应借鉴者,乃启迪后之人宜循名责实,听其言观其行,不可为虚妄美言所误。

公孙丑曰:"《诗》曰'不素餐兮',君子之不耕而食,何也?"孟子曰:"君子居是国也,其君用之,则安富尊荣;其子弟从之,则孝悌忠信。'不素餐兮',孰大于是?"

此自是《伐檀》"彼君子兮,不素餐兮"之正解。自"五四"以还,世多以此二句为讽刺"君子"之言,已属误读。近且有谓孟子以己主观之"意"逆诗人之"志",曲解此诗,从而否定孟子"以意逆志"之说。非独误读《诗》之本文,且厚诬孟子矣。故为学不可不慎也。

王子垫问曰:"士何事?"孟子曰:"尚志。"曰:"何谓尚志?"曰:"仁义而已矣。杀一无罪,非仁也;非其有而取之,非义也。居恶在?仁是也;路恶在?义是也。居仁由义,大人之事备矣。"

孟子以为"居仁由义",乃"大人之事",然则士之尚志,当以"大人"为最高楷模。而仁义之最低标准,莫过于不妄杀无罪之人与不妄取非己应有之物。然此已大不易矣。

孟子曰:"仲子,不义与之齐国而弗受,人皆信之,是舍箪食豆羹之义也。人莫大焉亡亲戚、君臣、上下。以其小者信其大者,奚可哉?"

此所谓"小信未孚",以"煦煦为仁,孑孑为义"者也。陈仲子能为小义,人乃信其可以为大义,而孟子不信之耳。

桃应问曰:"舜为天子,皋陶为士,瞽瞍杀人,则如之何?"孟子曰:"执之而已矣。""然则舜不禁与?"曰:"夫舜恶得而禁之? 夫有所受之也。""然则舜如之何?"曰:"舜视弃天下犹弃敝蹝也。窃负而逃,遵海滨而处,终身䜣然,乐而忘天下。"

此孟子假设之辞。皋陶执法,舜自不能禁;然舜有大孝之名,又不能坐视其父之死,故惟有窃负而逃耳。后世之居高位者,岂惟其父杀人可以无罪,且"一人得道,鸡犬升天",即奴仆亦仗势欺人,而法莫之能禁也。倘居高位者能洁身自好,引咎辞职,已足可称矣。惟世不惟无舜,抑且无皋陶。倘居高位者之父杀人,而执法者能治以罪,则可以称盛世矣。

孟子自范之齐,望见齐王之子。喟然叹曰:"居移气,养移体,大哉居乎! 夫非尽人之子与?"孟子曰:"王子宫室、车马、衣服多与人同,而王子若彼者,其居使之然也。况居天下之广居者乎? 鲁君之宋,呼于垤泽之门。守者曰:'此非吾君也,何其声之似我君也?'此无他,居相似也。"

此章非徒谓贵族子弟可以颐指气使,习惯成自然而有贵族气派也。而宜从孟子"喟然叹曰"进而深思之。夫一为贵族,其子弟便可世袭富贵权势。一旦失势,如辛亥革命后之八旗子弟,非坐吃山空即沦为乞丐,犹前章言"富岁子弟多赖,凶岁子弟多暴",然后知"居移气,养移体"之不可恃也。

孟子曰:"食而弗爱,豕交之也;爱而不敬,兽畜之也。恭敬者,币之未将者也。恭敬而无实,君子不可虚拘。"

此章指为君者宜礼贤下士,可与《论语》"今之孝者,是谓能养,至于犬马,皆能有养,不敬,何以别乎"一章参看。

孟子曰:"形色,天性也。惟圣人,然后可以践形。"

此章之义,在于圣人之言行形色能表里如一,无烦深解。

齐宣王欲短丧。公孙丑曰:"为期之丧,犹愈于己乎?"孟子曰:"是犹或绋其兄之臂,子谓之姑徐徐云尔,亦教之孝弟而已矣。"王子有其母死者,其傅为之请数月之丧。公孙丑曰:"若此者,何如也?"曰:"是欲终之而不可得也。虽加一日愈于已,谓夫莫之禁而弗为者也。"

此即"执中而权"之义。不应短丧而短,非礼也;不许为母丧而乞数月之丧,虽无是礼而为子者愿尽孝于母,自宜允之。如执一,则反为不公平。故"莫之禁而弗为",孟子以为非是。

孟子曰:"君子之所以教者五:有如时雨化之者,有成德者,有达财者,有答问者,有私淑艾者。此五者,君子之所以教也。"

"如时雨化",指耳濡目染,能举一反三,告诸往而知来者;"成德",谓指其人本有立德之基,为师者得进而促成之;"达财","财"通"材",指其人为可造之材,乃因材而施教;"答问",指"小扣则小鸣,大扣则大鸣"。至于"私淑",则指其人已没,后之人求师不得,乃私以师为模范,己力行自修之谓。"艾"训治,犹言自治,今之自修、自学是也。五者自近而远,自深而浅。

公孙丑曰:"道则高矣,美矣,宜若登天然,似不可及也。何不使彼为可几及而日孳孳也?"孟子曰:"大匠不为拙工改废绳墨,羿不为拙射变其彀率。君子引而不发,跃如也。中道而立,能者从之。"

传道授业,宜高悬标准,不宜迁就庸才。但求普及而不务提高,则舍本而逐末矣。此教育所以失败原因之一也。

孟子曰:"天下有道,以道殉身;天下无道,以身殉道。未闻以道殉乎人者也。"

"以道殉身",指天下有道,己为道而可以死;"以身殉道",谓天下无道,己宁死而不屈从于无道。"以道殉人",则为一己之私而甘心驱走于权贵之门,不计其是否合于道,则丧失原则矣。

公都子曰:"滕更之在门也,若在所礼。而不答,何也?"孟子曰:"挟贵而问,挟贤而问,挟长而问,挟有勋劳而问,挟故而问,皆所不答也。滕更有二焉。"

有所"挟"而向人求教,其非诚而有礼可知,故不答。为师者,视人之是否富贵利达有权势而有所取舍,失为师之道矣,然滔滔者天下皆是也。孔子所谓"有教无类",孟子所谓"得天下英才而教育之",久已不得而见之矣。

孟子曰:"于不可已而已者,无所不已;于所厚者薄,无所不薄也。其进锐者,其退速。"

人而无所不已,无所不薄,自然进锐而退速矣。

孟子曰:"君子之于物也,爱之而弗仁;于民也,仁之而弗亲。亲亲而仁民,仁民而爱物。"

此可与《论语》"泛爱众而亲仁"参看。

孟子曰:"知者无不知也,当务之为急;仁者无不爱也,急亲贤之为务。尧舜之知而不遍物,急先务也;尧舜之仁不遍爱人,急亲贤也。不能三年之丧,而缌小功之察;放饭流歠,而问无齿决,是之谓不知务。"

当务为急,不妨"抓大放小";如但知从小节入手而忽其大者,即所谓"不知务"。此二者无论为政与求学,皆不可不辨。

卷十四　尽心下

孟子曰:"不仁哉,梁惠王也!仁者以其所爱及其所不爱,不仁者以其所不爱及其所爱。"公孙丑问曰:"何谓也?""梁惠王以土地之故,糜烂其民而战之,大败,将复之,恐不能胜,故驱其所爱子弟以殉之,是之谓以其所不爱及其所爱也。"

每读此章,辄为之不怿也久之。梁惠王欲开疆辟土,不惜糜烂其民以行不义之战,不胜而竟以己之子弟殉之,是不独不爱其民,且失亲亲之道,故孟子非之。然梁惠王犹愈于今之帝国主义与霸权主义者也。昔者日寇侵华,我国亿万人民奋勇抗敌,虽伤亡惨重,乃义战也;而日寇则糜烂其民矣。虽然,未闻日之皇室贵族子弟及高层领导,亲临前线以殉此不义之战也。时至今日,霸权主义统治者悍然干涉他国内政,调兵遣将入人之国,至今犹未撤兵,而死于异乡者,皆其国之无辜公民也。未闻其总统与上层领导之子弟亲眷死于战火前线,是霸权统治者不惜糜烂其公民以谋其上层集团一己之利,岂不更逊梁惠王一筹乎?以国家纳税人之血汗与公民血肉之躯谋上层集团之利,是以己之所欲强施于人,残民以逞,而其志卒未毕逞,劳民伤财,莫此为甚,是犹得为自由民主之国家乎?读先辈古书,每发人深思,非徒问责于人,亦将以三省己身也。

孟子曰:"《春秋》无义战。彼善于此,则有之矣。征者上伐下也,敌国不相征也。"

春秋无义战,古人屡言之。而敌国不相征,其义已早泯失。今联合国为全球百余国之组织,以常理度之,宜无大小、贫富、强弱之分,皆平等相待,是犹孟子所谓"敌国"也,敌者对等之谓。敌国之间无上下之别,故相征即为违法。自二战结束以来,逾六十年矣,而局部战争迄今未已。除内哄外,皆以强凌弱,以大侵小,是敌国相征也。读《孟子》至此章,未尝不废书而叹。

孟子曰:"尽信《书》,则不如无《书》。吾于《武成》,取二三策而已矣。仁人无敌于天下。以至仁伐至不仁,而何其血之流杵也?"

此章有二义:一、尽信《书》则不如无《书》,是古史中不实处不一而足,宜乎"五四"以来有疑古学派也。二、仆屡言汤武革命,非至仁伐至不仁;以此章反证之,实缘纣失民心,而武王以武力取胜,故血流可以漂杵。自古迄今,战争未有不流血者,而死者多为士卒平民,所谓"一将功成万骨枯"是已。古史虽不可尽信,然以史为鉴,则不诬也。读书而正人心,是可读之书也;读书而坏人心术,则不可读之书也。今之阐释古书与著书立说者,当知所取法。

孟子曰:"有人曰:'我善为陈,我善为战。'大罪也。国君好仁,天下无敌焉。南面而征,北狄怨;东面而征,西夷怨。曰:'奚为后我?'武王之伐殷也,革车三百两,虎贲三千人。王曰:'无畏!宁尔也,非敌百姓也。'若崩厥角稽首。征之为言正也,各欲正己也,焉用战?"

此孟子之反战论也,亦即理想之仁政。当战国之际,此固为振聋发聩之言,然终不免为人讥为迂拘,以好战者多,无人能入耳也。

孟子曰:"梓匠轮舆能与人规矩,不能使人巧。"

此当与《论语》"举一隅不以三隅反,则不复也"章参看。今人但求巧,以能走捷径为得,而不欲以规矩绳之,于是世风大不正矣。

孟子曰:"舜之饭糗茹草也,若将终身焉;及其为天子也,被袗衣,鼓琴,二女果,若固有之。"

官吏之弊,在于能上不能下,使舜为天子,及禅位于禹,仍饭糗茹草,甘为平民,则真圣人矣。读《孟子》此章,宜从反面思考。

孟子曰:"吾今而后知杀人亲之重也。杀人之父,人亦杀其父;杀人之兄,人亦杀其兄。然则非自杀之也,一间耳。"

此章言残贼杀人之为害。唐人如韩柳皆议及复仇之利弊。今法律严于死刑之判决,固基于以人为本之理念,然杀人者死,自刘邦已约为法。如杀人者每幸免于死,则被杀者之亲眷乃往往有复仇之举。故量刑不可不慎。且乱世宜用重典,所以示儆也。仆不谙法律,然王法不外乎人情,惟情不能大于法耳。

孟子曰:"古之为关也,将以御暴;今之为关也,将以为暴。"

一国设审判与法律监督机构,设公共安全与国家安全部门,皆所以卫民护民者;设监察与检查岗位,皆所以防范奸宄之害民者。而卫民护民者往往害民,防奸杜奸者往往纵奸,正《孟子》此章所言之弊。

孟子曰:"身不行道,不行于妻子;使人不以道,不能行于妻子。"

今有见贪官污吏,皆身不行道者,而其家人竟助纣为虐者,真"道不行于妻子"也。

孟子曰:"周于利者,凶年不能杀;周于德者,邪世不能乱。"

此章之"利",谓利民也。民得温饱,则凶年可无饥寒之虞;民知礼义,则邪世无乱离之苦。晚清庚子之变,慈禧执政,以人谋不臧,自造邪世,故民死伤离乱。丧权辱国,莫此为甚。故欲求社会和谐,必先使民遭凶年天灾而无死亡流乱之苦,尤不能自造邪世,招来祸患。

孟子曰:"好名之人,能让千乘之国;苟非其人,箪食豆羹见于色。"

所谓"能让千乘之国",实违心虚妄之言。夫箪食豆羹犹见于颜色,岂能真以千乘之国让人乎?此孟子于好名者诛心之论也。

孟子曰:"不信仁贤,则国空虚;无礼义,则上下乱;无政事,则财用不足。"

孟子曰:"不仁而得国者,有之矣;不仁而得天下者,未之有也。"

此二章皆孟子针对战国时局而言。当时各国诸侯,不徒国空虚,抑且财用不足,故上下乱。而秦之吞并六国,是不仁而得国者;然二世而亡,是不仁而不能得天下也。故孟子所言,其预见性真不可及。

孟子曰:"民为贵,社稷次之,君为轻。是故得乎丘民而为天子,得乎天子为诸侯,得乎诸侯为大夫。诸侯危社稷,则变置。牺牲既成,粢盛既洁,祭祀以时,然而旱干水溢,则变置社稷。"

此章以"民贵君轻"有民本思想而广为人知。然世人读此,每断章取义,但引述前三句。如通读全章,则变置"社稷"云者,亦近乎迂执。盖旱干水溢,今犹为害,皆人类破坏大自然所导致之恶果,非土谷之神不能御灾捍患也。故"社稷次之",宜解为人类应重视大自然,乃合于今义。

孟子曰:"圣人,百世之师也,伯夷、柳下惠是也。故闻伯夷之风者,顽夫廉,懦夫有立志;闻柳下惠之风者,薄夫敦,鄙夫宽。奋乎百世之上。百世之下,闻者莫不兴起也。非圣人而能若是乎,而况于亲炙之者乎?"

此章之义,前已屡言之。在孟子心目中,圣人与常人不过相去一间,故伯夷、柳下惠皆可以称圣人。孔子自春秋末年传道授业,七十子一传再传,影响至巨,故门人与传人皆以圣人尊之。如子贡即有"夫子既圣矣"之叹。孔孟不以圣自居是我国传统美德夙以谦抑为做人之本也。后世统治者立孔子为偶像,要亦有所依据,非尽用己主观之意以愚民。"五四"以来,或言孔子不过常人而已,不得以圣人称之,盖不欲以偶像视之,固未可厚非。而近乃有人据《史记·孔子世家》,谓孔子不过一丧家狗。夫丧家之狗,"丧"字应读平声,乃指人家有丧事,人皆悲泣,即其家所豢养之狗亦嗒然无精打采,而非丧失其家流浪之狗也。后世读"丧"为去声,久失其本义。今乃据讹误之说引而申之,以释《论语》,是已误导读者。复用此以形容孔子有失落感,则强调儒家之消极一面。虽曰还孔子之本来面目,实则以偏概全,犹属片面。以此立言而竟不顾七十子及其后学如孟、荀诸家对孔子之评价,名为学术研究而竟专走偏锋以哗众,此真以紫夺朱矣,夫复何言!

> 孟子曰:"仁也者,人也。合而言之,道也。"

此章疑有佚文,见朱注。

附朱注:或曰外国本"人也"之下,有"义也者宜也,礼也者履也,智也者知也,信也者实也。"凡二十字。今按如此则理极分明,然未详其是否也。

> 孟子曰:"孔子之去鲁,曰:'迟迟吾行也。'去父母国之道也。去齐,接淅而行,去他国之道也。"

此章重复。

> 孟子曰:"君子之厄于陈蔡之间,无上下之交也。"

此章有二解。一指孔子厄于陈蔡之间,陈蔡之君臣皆不与交;一指孔子身在危难之中,不欲假借当地得势之人以求免于厄。从前解可证当时统治者有势利之心，不欲救人于危难之中，此在今世，亦不罕见；从后解则谓孔子不求假势利之交以苟免于难。要之皆孟子慨叹世道沦溺之言。鄙意可两说并存。在人乃见死不救，在孔子则宁死不屈。如此解之，庶几得孟子本意。

貉稽曰："稽大不理于口。"孟子曰："无伤也。士憎兹多口。《诗》云：'忧心悄悄，愠于群小。'孔子也。'肆不殄厥愠，亦不殒厥问。'文王也。"

此章明人言之可畏，虽文王、孔子，亦不免以愠于群小而招谤。由是观之，自先秦及于今世，数千年于兹，社会风气之劣自古已然，不独今之人轻信谗言也。

孟子曰："贤者以其昭昭，使人昭昭；今以其昏昏，使人昭昭。"

以其昏昏而欲使人昭昭，此无他，一则无自知之明，以为外行可以领导内行；二则人之患在好为人师；三则居高位，掌大权，颐指气使，以一言堂压服群言。于是忘己之昏昏，卒之使昭昭者亦昏昏，而天下事不可收拾矣。

孟子谓高子曰："山径之蹊间,介然用之而成路。为间不用,则茅塞之矣。今茅塞子之心矣。"

仆十四五时,先君诲之曰:"茅塞子之心,《庄子》中亦有之,汝知之乎?"对曰:"不知也。"先君未即告。后数年读《庄子·逍遥游》,庄子谓惠施曰:"则夫子犹有蓬之心也夫!"固悟此即与"茅塞子之心"同义。屈指计之,距今逾七十年,先君墓木已拱矣。

高子曰:"禹之声尚文王之声。"孟子曰:"何以言之?"曰:"以追蠡。"曰:"是奚足哉? 城门之轨,两马之力与?"

此章朱熹释之甚详,然犹言所谓"未知其是否",足见古人虚怀若谷。夫钟声之悦耳,不在钟钮之磨损与否。盖禹之世距文王之世为远,钟钮自易磨损,不得即由此得出文王之乐不及禹乐之结论。犹城门之轨辙,固由车马碾压而成;然轨辙之迹印,必非一车两马一次之力所致,由此引发二义:一、不得从表面现象得出本质性结论;二、事物之成,多由积渐而后使然。如水滴久可使穿石,犹钟钮之磨损与轨辙之印迹,皆非一时而使然。

齐饥。陈臻曰:"国人皆以夫子将复为发棠,殆不可复。"孟子曰:"是为冯妇也。晋人有冯妇者,善搏虎,卒为善士。则之野,有众逐虎。虎负嵎,莫之敢撄。望见冯妇,趋而迎之。冯妇攘臂下车。众皆悦之,其为士者笑之。"

重作冯妇之典出此章。孟子之意,盖谓己既去齐,必不再过问齐事,否则即为匹夫之勇如冯妇之流矣。

孟子曰:"口之于味也,目之于色也,耳之于声也,鼻之于臭也,四肢之于安佚也,性也。有命焉,君子不谓性也。仁之于父子也,义之于君臣也,礼之于宾主也,知之于贤者也,圣人之于天道也,命也。有性焉,君子不谓命也。"

命者,命运也,求之而未必可得也;性者,此处指人之本能与良知,人之所求而期于必得者也。求之而未必得,虽性之所必期,亦当知命而安之。仁义礼智者,天命之谓性也,然虽求之而不能得,即颠沛造次,亦必守之勿失。此即存天理而抑人欲之意。

浩生不害问曰:"乐正子,何人也?"孟子曰:"善人也,信人也。""何谓善?何谓信?"曰:"可欲之谓善,有诸己之谓信。充实之谓美,充实而有光辉之谓大,大而化之之谓圣,圣而不可知之之谓神。乐正子,二之中,四之下也。"

所谓二之中,即人当为善与守信。其上之四阶段,非常人所能及,姑置之可也。

孟子曰:"逃墨必归于杨,逃杨必归于儒。归,斯受之而已矣。今之与杨、墨辩者,如追放豚,既入其苙,又从而招之。"

此章宜从焦循解。盖与"归斯受之"之意相贯连也。"入其苙"者,指已归于儒者;"从而招之"者,谓尚未归于儒之人,当积极招之使来归也。较赵岐、朱熹之解为优。

孟子曰:"有布缕之征,粟米之征,力役之征。君子用其一,缓其二。用其二而民有殍,用其三而父子离。"

此反苛政之论。使三者并征,则竭泽而渔,民不堪命矣。

孟子曰:"诸侯之宝三:土地、人民、政事。宝珠玉者,殃必及身。"

此反贪之论。两"宝"字皆作动词用。为政者失土地与人民,则政事必不修。如此则大都以珠玉为宝矣,必殃及其身无疑。

盆成括仕于齐。孟子曰:"死矣盆成括!"盆成括见杀。门人问曰:"夫子何以知其将见杀?"曰:"其为人也小有才,未闻君子之大道也,则足以杀其躯而已矣。"

小有才者必恃才妄作,是自食恶果也。

孟子之滕,馆于上宫。有业屦于牖上,馆人求之弗得。或问之曰:"若是乎从者之廋也?"曰:"子以是为窃屦来与?"曰:"殆非也。夫子之设科也,往者不追,来者不拒。苟以是心至,斯受之而已矣。"

此孟子之恕道,"往者不追,来者不拒",是一篇关键。

孟子曰:"人皆有所不忍,达之于其所忍,仁也;人皆有所不为,达之于其所为,义也。人能充无欲害人之心,而仁不可胜用也;人能充无穿逾之心,而义不可胜用也;人能充无受尔汝之实,无所往而不为义也。士未可以言而言,是以言餂之也;可以言而不言,是以不言餂之也。是皆穿逾之类也。"

"达"即"己欲达而达人"之"达"。"达"在于能"充",即扩而充之之意。篇末谓以言"餂"士,即俗所谓"引蛇出洞"之意。所谓以不言餂士,则人皆成惊弓之鸟,虽欲言亦不言矣。证以近半世纪中之事,则士之受

"恬"者众,盖不知恬人者乃穿逾之类也。

孟子曰:"言近而指远者,善言也;守约而施博者,善道也。君子之言也,不下带而道存焉。君子之守,修其身而天下平。人病舍其田而芸人之田,所求于人者重,而所以自任者轻。"

此章末二句最警策。世之舍己而芸人之田者与夫所求于人者重而所以自任者轻,比比皆是也。

孟子曰:"尧舜,性者也;汤武,反之也。动容周旋中礼者,盛德之至也。哭死而哀,非为生者也。经德不回,非以干禄也。言语必信,非以正行也。君子行法,以俟命而已矣。"

《孟子》此章已明言汤武与尧舜有别,"反之"者,反其性归之于善也。其下诸语,旨在求为人必表里如一,言行皆发之于心,所谓"诚于中形于外"。如此行事,而不见容,则俟命而已,不宜强求也。

孟子曰:"说大人则藐之,勿视其巍巍然。堂高数仞,榱题数尺,我得志弗为也;食前方丈,侍妾数百人,我得志弗为也;般乐饮酒,驱骋田猎,后车千乘,我得志弗为也。在彼者,皆我所不为也;在我者,皆古之制也,吾何畏彼哉?"

此即富贵不能淫之意,且以讥富贵利达者。

孟子曰:"养心莫善于寡欲。其为人也寡欲,虽有不存焉者,寡矣;其为人也多欲,虽有存焉者,寡矣。"

孟子但言寡欲,不言灭绝人欲。因知宋儒之弊,一曰以己所欲强施于人,二曰持理欲为两端,而以走极端之绝对方式谈哲理学术,于是其弊乃不可收拾。

曾晳嗜羊枣,而曾子不忍食羊枣。公孙丑问曰:"脍炙与羊枣孰美?"孟子曰:"脍炙哉!"公孙丑曰:"然则曾子何为食脍炙而不食羊枣?"曰:"脍炙所同也,羊枣所独也。讳名不讳姓,姓所同也,名所独也。"

曾参不食羊枣,殆思亲而不忍食之,与美味无关。

万章问曰:"孔子在陈曰:'盍归乎来!吾党之士狂简,进取,不忘其初。'孔子在陈,何思鲁之狂士?"孟子曰:"孔子不得中道而与之,必也狂狷乎!'狂者进取,狷者有所不为也'。孔子岂不欲中道哉?不可必得,故思其次也。""敢问何如斯可谓狂矣?"曰:"如琴张、曾晳、牧皮者,孔子之所谓狂矣。""何以谓之狂也?"曰:"其志嘐嘐然,曰'古之人,古之人'。夷考其行,而不掩焉者也。狂者又不可得,欲得不屑不洁之士而与之,是狷也,是又其次也。孔子曰:'过我门而不入我室,我不憾焉者,其惟乡原乎!乡原,德之贼也。'"曰:"何如斯可谓之乡原矣?"曰:"何以是嘐嘐也?言不顾行,行不顾言,则曰:'古之人,古之人。行何为踽踽凉凉?生斯世也,为斯世也,善斯可矣。'阉然媚于世也者,是乡原也。"万章曰:"一乡皆称原人焉,无所往而不为原人,孔子以为德之贼,何哉?"曰:"非之无举也,刺之无刺也。同乎流俗,合乎污世。居之似忠信,行之似廉洁,众皆悦之,自以为是,而不可与入尧舜之道,故曰'德之贼'也。孔子曰:'恶似而非者,恶莠,恐其乱苗也;恶佞,恐其乱义也;恶利口,恐其乱信也;恶郑声,恐其乱乐也;恶紫,恐其乱朱也;恶乡原,恐其乱德也。'君子反经而已矣。经正,则庶民兴;庶民兴,斯无邪慝矣。"

此章所论为三种人,一曰狂者,一曰狷者,一曰乡愿。孔子曰:"狂者进取,狷者有所不为也。"要之皆心口如一之人。而乡愿之徒,曲学阿世,言行不相顾,或口蜜腹剑,或同流合污,以伪善之面目示人,要之皆德之贼也。此章宜反复诵习,切身反省,庶几能洁身自好矣。

孟子曰:"由尧舜至于汤,五百有余岁。若禹、皋陶,则见而知之;若汤,则闻而知之。由汤至于文王,五百有余岁。若伊尹、莱朱,则见而知之;若文王,则闻而知之。由文王至于孔子,五百有余岁。若太公望、散宜生,则见而知之;若孔子,则闻而知之。由孔子而来,至于今百有余岁,去圣人之世,若此其未远也;近圣人之居,若此其甚也,然而无有乎尔,则亦无有乎尔。"

此《孟子》全书自序之言也。盖五百年必有王者兴，王者不兴，乃有孔子。孟子去孔子未远，传孔子之道，受孔子之业，继孔子之志，宜若可为也。而卒"无有乎尔"，岂不足五百年，便无所成事耶？于是效孔子之道，改为"立言"，以己之文行出处昭示后人，此不得已而为之，亦知其不可而为之也。今人乃谓孔孟之徒以思用世而不得，于是有失落感，此未免以小人之心度君子矣。设想世无孔孟，并其语录文本亦无之，则后世之文化学术当如何，益不可问矣。

后 记

吴小如

    自丙戌至丁亥,约岁余。手录《孟子》一通,每章略加浅解,聊陈鄙见而已,非敢云学术心得,以招物议。初拟节录,因思仲尼温故知新之言,乃未芟选。重读蒙经,深感时节如流,儿时雒诵,宛同梦幻。所录字迹不免潦草,以文稿不宜过于端正,反贻人故作雕饰、刻意求工之讥也。少年时喜抄书,独于《论》《孟》,以日所诵习,竟未着一字。今老病侵寻,桑榆迟暮,乃录以成帙,亦聊收秉烛余光之末效耳。丁亥小暑莎斋谨识。

重印后记

《吴小如讲〈孟子〉》一书首版于2008年1月,甫问世即得到广大读者的欢迎,于当年6月重印,并入选中宣部、中央文明办、新闻出版总署主办的首届"百家出版单位百种图书推荐"书目。此后不断得到学界的关注。

本次重印除订正初版文字讹误外,特附入吴小如先生所书《孟子选录》长卷墨迹节选。感谢吴先生哲嗣吴煜先生长期以来的信任。感谢南京歧祖堂刘同维先生无偿提供吴小如先生手迹并给予大力支持。

此次重印之际,本书阿拉伯文版入选2020年度"丝路书香"工程。期待本书在国际交流的推动下绽放更加持久旺盛的生命力。